新＊いわて名峰ガイド

早池峰山

JN064390

つめたいゼラチンの霧もあるし
桃いろに燃える電気菓子もある
またはひまつの緑茶をつけたカステーラや
なめらかでやにっこい緑や茶いろの蛇紋岩
むかし風の金米糖でも
wavellite の牛酪でも
またこめつがは青いザラメでできてゐて
さきにはみんな
大きな乾葡萄《レジン》がついてゐる

（宮沢賢治の詩「山の晨明《しんめい》に関する童話風の構想」より）

※wavellite…ワーベライト
（リン酸塩鉱物の一種、銀星石のこと）
※牛酪…バターのこと

小田越コース一合目から仰ぎ見る山頂部。樹林帯を抜けると圧巻の眺めが待っている

おゝ青く展がるイーハトーボのこどもたち
グリムやアンデルゼンを読んでしまったら
じぶんでがまのはむばきを編み
経木の白い帽子を買って
この底なしの蒼い空気の淵に立つ
巨きな菓子の塔を攀ぢよう

（宮沢賢治の詩「山の晨明に関する童話風の構想」より）

※がまのはむばき…蒲で編んだ「はむばき」＝はばき、脚絆（きゃはん）のこと
※攀（よ）ぢよう…よじ登ろうの意

鶏頭山から中岳、そして早池峰山へ――。変化に富んだ稜線を進む縦走コース

初夏を代表するミヤマキンバイ

早池峰を代表するハヤチネウスユキソウ

目に鮮やかなナンブイヌナズナの黄色い花

小さくかれんな花を咲かせるヒメコザクラ

（根こそげ抜いて行くやうな人に限って
それを育てはしないのです
ほんとの高山植物家なら
時計皿とかペトリシャーレをもって来て
眼を細くして種子だけ採って行くもんです）

（宮沢賢治の詩「花鳥図譜、八月、早池峯山巓《さんてん》」より

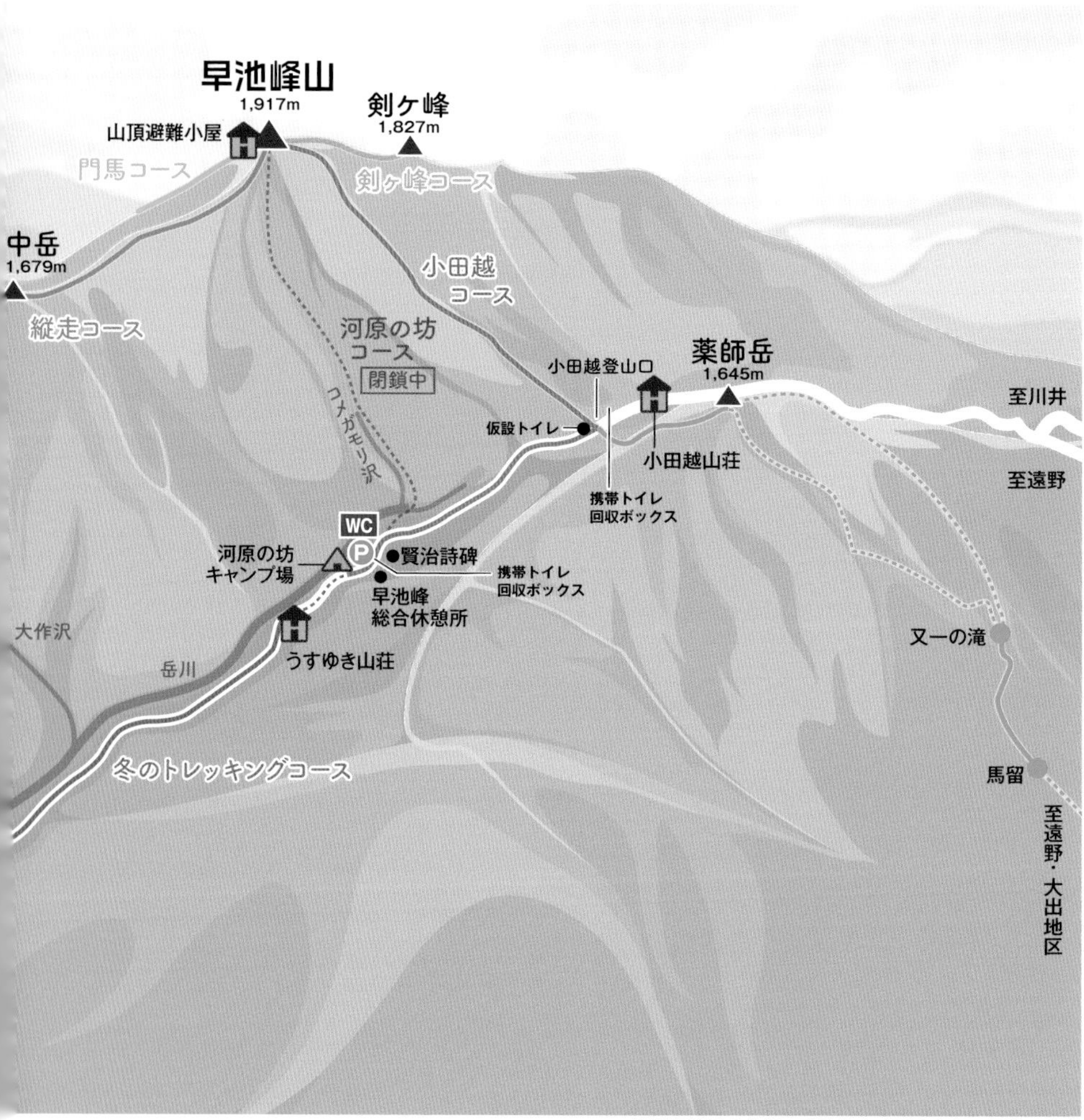

花巻観光協会発行の早池峰山略図をもとに編集・作成

早池峰山 DATA

■標　　高：1917メートル
■非火山性
■北上山地最高峰
日本百名山／新日本百名山／花の百名山／
新・花の百名山／一等三角点百名山
■主な登山コース
小田越コース／門馬コース／
鶏頭山～山頂の縦走コース

花巻市、遠野市、宮古市にまたがる早池峰山は 1982 年、薬師岳を含む一帯 5463ヘクタール が早池峰国定公園に指定された。特別保護地区の山頂周辺をはじめ、景観維持などの観点から植物採取をはじめとする行為に厳しい規制が敷かれている。

早池峰山は「自然環境保全地域」「鳥獣保護区」に指定され、「早池峰山および薬師岳の高山帯・森林植物群落」は国の特別天然記念物、宮古市エリアの「アカエゾマツ自生南限地」は国の天然記念物にそれぞれ指定されている。

Mt. Hayachine

新＊いわて名峰ガイド

早池峰山

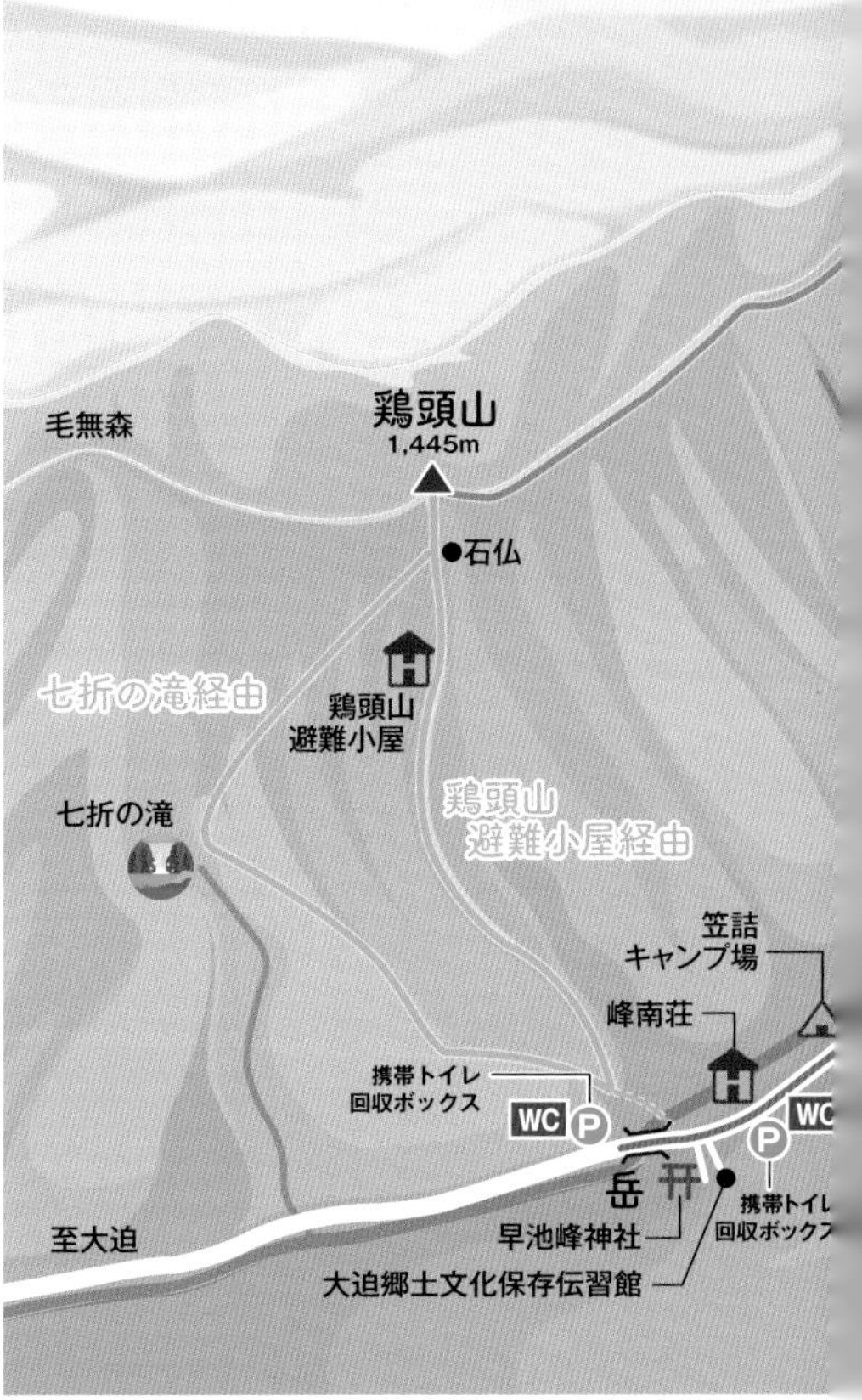

＊本書について

■本書の地図は国土地理院電子地形図25000（早池峰山周辺）をもとに編集・掲載しています。

■各コース及びコースマップの時間は休憩時間をのぞいた参考時間です。**登山初心者が無理なく歩ける時間を想定しています。**天候などで大幅に所要時間が変わることがあります。

■コースマップ上に付記したポイントは目安です。

小《お》田《だ》越《ごえ》コース

数々の高山植物が出迎える
早池峰登山の定番コース

小田越登山口 ― 早池峰山頂

登り▼３時間10分
下り▼２時間40分

Odagoe

早池峰の南面を登る小田越コースは、河原の坊コースとともに早池峰登山の人気コースとして双璧をなしていた。河原の坊コースは２０１６年に発生した登山道崩落で閉鎖されたため、現在は小田越コースが早池峰登山を代表する登山コースとなっている。夏山シーズンにはハヤチネウスユキソウをはじめ、数々の高山植物が登山客を出迎える屈指の人気コースだ。

小田越登山口は駐車できないため、通常は２㌔ほど手前の河原の坊登山口がスタート地点となる。県道25号を歩くこと約50分。広葉樹の森に囲まれたアスファルトの道は、その後に登る早池峰をより新鮮なものにしてくれる。

登山口では早池峰登山の必需品とも言える携帯トイレが購入できる。登山口と一合目の中間には携帯トイレ専用テントがあるが、河原の坊登山口で用を済ませておきたい。

薬師岳（１６４５㍍）を背に登山口を出発する。序盤は木道が続き、オオシラビソの森を、緩やかに高度を上げながら登っていく。木道は朝露や雨で濡《ぬ》れたり、

マイカー規制に協力を！

駐車禁止　県道25号のうち、河原の坊登山口から小田越山荘付近までの区間は駐車禁止となっている。小田越登山口には駐車スペースもない。

一帯は森林生態系保護地域に指定されている国有林。路肩などに駐車することで高山植物を傷めたり、外来種を持ち込むリスクを高めたりもする。くれぐれもルールを守ってほしい。

夏の通行規制　例年、6月第2日曜日から8月第1日曜日までの土・日・祝日は、岳（たけ）地内と宮古市江繋（えつなぎ）地内の区間約16㌔でマイカー乗り入れが規制される。路線バスやタクシーなど認められた車両以外は通行できない。

岳駐車場と江繋の区間で運行されるシャトルバス（有料）については、運行の実施も含めて花巻市の公式サイト（https://www.city.hanamaki.iwate.jp/）などで確認のこと。

一合目から続く岩場。視界が良く、見上げると大空が広がる

整備された木道から登り始める

河原の坊駐車場から歩いて小田越登山口を目指す

靴底に泥がついていたりすると滑りやすい。樹間が広く歩きやすい樹林帯を抜けると一気に視界が開ける。大きな岩に囲まれたこの場所が一合目の御門口《ごもんぐち》だ。5月下旬頃までは、一合目手前に残雪があることが多い。踏み抜きに十分注意しよう。

一合目からは背の高い樹木はなく、巨大な蛇紋岩が並ぶ登山道を進む。蛇紋岩はハヤチネウスユキソウを代表とする早池峰の固有種や、全国的にも希少な高山植物が生育する環境を作り出している。植生保護のため、ポールの先端にある金属チップにカバーをするなどの配慮が必要だ。

石段のように積み重なった登山道は段差が大きく、濡れているととても滑りやすい。転倒やスリップしないよう、慎重に歩を進めていく。岩の隙間に生えている高山植物は、たとえ開花期でなくても踏みつけないよう、足元に細心の注意を払ってほしい。

五合目の御金蔵《おかねくら》は標高約1680メートル。振り返ると、背後にそびえる薬師岳より少し高いことに気づく。もし歩くのが精いっぱいの強風が吹いている時は、ここで引き返すことを検討したい。この先、風を遮る岩壁などはなく、強風にあおられて転落する危険性があるからだ。

竜ヶ馬場と呼ばれる六合目付近からは、ハイマツが広がる緩やかな尾根道となる。夏には早池峰山固有種のナンブトラノオや黄色い花が鮮やかなナンブイヌナズナなどが山肌を彩り、小田越コースの代名詞とも言える景色が広がる。

八合目の手前は一番の難所。巨岩の「天狗の滑り岩」にかけられた鉄製のはしごは見た目ほど恐怖心を感じないものの、一人ずつ登ることが大前提だ。落石に備え、次を待つ人ははしごの直下で待機することは避けたい。はしごを使わずに登ることも可能だが、落石や転落の危険性がある。鉄はしごを利用した方が安全だ。

巨岩が積み重なる道を登り切ると剣ケ峰分岐。ここからは早池峰山頂がはっきりと見えるようになる。木道が敷設《ふせつ》された御田植場《おたうえば》を進み、赤い屋根の早池峰山頂避難小屋を目指す。御田

七合目近くから振り返るとそこには絶景が広がる

ハヤチネウスユキソウ

五合目御金蔵。ここで祈願すると富が授かるといわれている

なだらかな四合目付近。休憩や撮影に適している

植場周辺も5月下旬頃まで
は残雪があることが多い。夏には愛らしいチングルマ、ユリ科のコバイケイソウ、紅紫色の花のヨツバシオガマなどが咲き誇る。

　早池峰北面を登る門馬《かどま》コースとの分岐点を過ぎると、もうじき山頂だ。避難小屋の脇を抜け、もうひと登りすると早池峰神社奥宮《おくみや》がある早池峰山頂にたどりつく。

　真正面にそびえる薬師岳を中心に、眼前に広がる北上山地の姿は雄大そのもの。奥宮を右手、薬師岳を左手に見ながら山頂を西に進むと岩場に出る。この岩場を少し進むと中岳、鶏頭山の連なりが見える。その先には奥羽山脈の最高峰・岩手山（2038メートル）をはじめ、真昼山地、焼石連峰、栗駒山といった奥羽山脈の名だたる山並み、孤高にそびえる鳥海山を望むことができる。

蛇紋岩は滑るので注意が必要だ

御田植場を越えると山頂はもうすぐだ

料金受取人払郵便

盛岡中央局
承　認

2087

差出有効期限
2025年5月
31日まで
（切手を貼らずに
お出し下さい）

郵　便　は　が　き

0208790

100

（受取人）
盛岡市内丸3－7
岩手日報社
コンテンツ事業部 行

お名前

ご住所　〒

年　齢　　　　　歳

・小学生　　・中学生　　・高校生　　・一般（ご職業　　　　　　　　　　）

電　話

※個人情報はご注文の書籍発送や新刊等のご案内以外には使用いたしません。

＊　「岩手日報社の本」愛読者カード　＊

このたびは「岩手日報社の本」をご購入いただきありがとうございます。今後の参考にさせていただきますので、下記の項目にご記入ください。第三者には開示いたしませんので、ご協力をお願いいたします。

書名 ＿＿＿＿＿＿＿＿＿＿＿＿＿＿＿＿＿＿＿＿＿＿＿＿＿＿＿＿

■この本を購入したきっかけを教えてください。

1. 店頭で実物を見て（①表紙　②内容　③帯のコピー）
2. 著者のファン　　　　3. 友人・知人から
4. 岩手日報の広告・告知記事
5. 書評・紹介記事（新聞・雑誌名　　　　　　　　　　　）
6. インターネットのレビュー（サイト名　　　　　　　　　）
7. その他（　　　　　　　　　　　　　　　　　　　　　）

■この本についてのご感想ご意見をお書きください。

ご感想は小社の広告等に匿名で掲載させていただく場合があります。

店頭にない書籍は、こちらからご購入いただけます。
オンラインショップ「岩手日報社の本」　https://books.iwate-np.co.jp/

八合目手前、最難関のはしご場を一歩ずつしっかり登る

山小屋情報

早池峰山山頂避難小屋

1986年に建てられた、赤い屋根でおなじみの施設。2009年に屋根と外壁を改修。携帯トイレ用の個室を備える

- 収容人数50人
- 携帯トイレ専用の個室
- 無料開放
- 緊急時を除き宿泊不可

▶問い合わせ
花巻市大迫総合支所 地域振興課
TEL.0198-41-3124

早池峰神社奥宮が鎮座する山頂

北上山地の広大さを実感できる

山頂は広い。ここでしっかり休憩しよう

登頂の達成感はひとしおだ

剣ヶ峰への稜線を望む

＊コースマップ

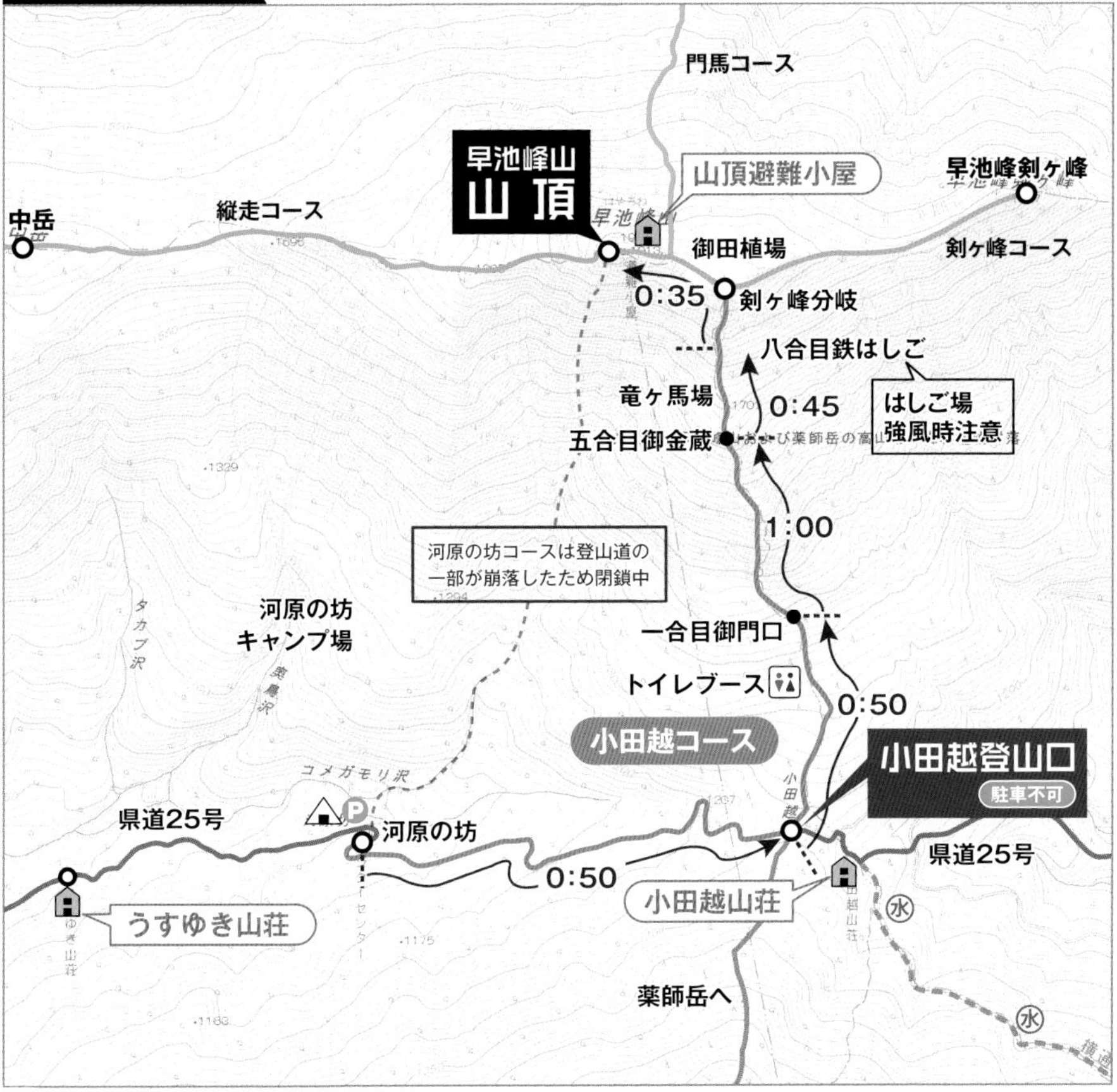

山小屋情報

うすゆき山荘

河原の坊駐車場から1㌔ほど離れた県道25号沿いにあり、5台ほど駐車可能。

- 収容人数 約30人
- トイレあり
- 無料開放
- 通年利用可

▶問い合わせ　花巻市大迫総合支所 地域振興課
TEL.0198-41-3124

小田越山荘

小田越登山口から遠野・宮古方面へ歩いて10分ほどの場所にある。

- 収容人数 40人
- 携帯トイレ専用
- 無料開放
- 通年利用可

▶問い合わせ　遠野市 環境整備部環境課
TEL.0198-62-2111

稜線上にある登山道から早池峰山頂部を振り返る

剣《けん》ケ《が》峰《みね》コース

細い尾根道の先に
鋭角の美しいピーク

早池峰山山頂 ― 早池峰剣ケ峰
▼
往路▼1時間
復路▼1時間20分

Kengamine

　剣ヶ峰という名のピークで、ひときわ有名なのは富士山剣ヶ峰だろう。富士山の山頂であり、日本一の標高点でもある。早池峰剣ヶ峰（1827メートル）は最高峰ではないものの、その名の通り鋭角にそびえるピークは非常に美しい。稜線上に細長く続く登山道は高度感があり、展望に優れる。

　小田越コースの鉄はしごを過ぎると間もなく、早池峰山頂と剣ヶ峰との分岐がある。右折して大きな岩塊に向かって進んでいくと、徐々に高度を下げるように登山道が続いている。剣ヶ峰までの道のりは、基本的に下り調子となっている。

　大きな岩の脇を抜けると、大人の背丈ほどの樹林帯がある。登山道はその中を潜るように続いており、大きな荷物や背が高い人は注意して進みたい。目線の高さ

まさに剣のような細い尾根道

にある枝で眼球や頬を傷つけないよう、慎重に歩こう。枝に荷物を引っ掛けて落としてしまうこともある。通過後は荷物を落としていないか確認しておきたい。
　剣ヶ峰の手前には標柱のない、鋭角的なピークがある。ここから振り返れば早池峰の姿が、南に目を向ければ薬師岳の姿が大きく見える。早池峰の山容をより美しく見られるのは、この手前のピークだ。山頂部が岩場になっているので、特に風の強い時は通過に気をつけてほしい。
　さらに細い尾根道をたどった先に剣ヶ峰のピークがある。手前のピークとは違った早池峰の姿が見られ、やはり薬師岳の姿が美しい。
　帰路は登り返しとなる。十分な体力と時間を持って訪れたい。

剣ヶ峰分岐から巨岩を目指して東に進む

振り返る場所を少し変えるだけで早池峰の姿も変わる

早池峰山頂 信仰と伝説

信仰登山の時代、山に登ることは「お山がけ」と呼ばれた。山に入るときは、身を清め、新しいわらじを持って出かけたという。山頂付近には、今も信仰の名残が数多く見られる。

〔御田植場〕
稲に似たナンブソモソモを供え、豊作を祈ったといわれる場所。

〔賽の河原〕
御田植場の西にある広場。小石が積まれ、地蔵菩薩像がある。

〔胎内くぐり〕※現在はコースロープ外
山頂直下にある岩穴で、ここをくぐると災厄を免れると伝わる場所。

〔安倍穴〕
山頂避難小屋の脇の岩穴。戦いに敗れた安倍貞任が隠れていたと伝わる。

〔開慶水〕
大雨にもあふれず、暑さにも枯れないという伝説のある泉。

〔早池峰神社奥宮〕
山頂にあるお社。鉄製のお社が本宮、石造りのものが若宮である。

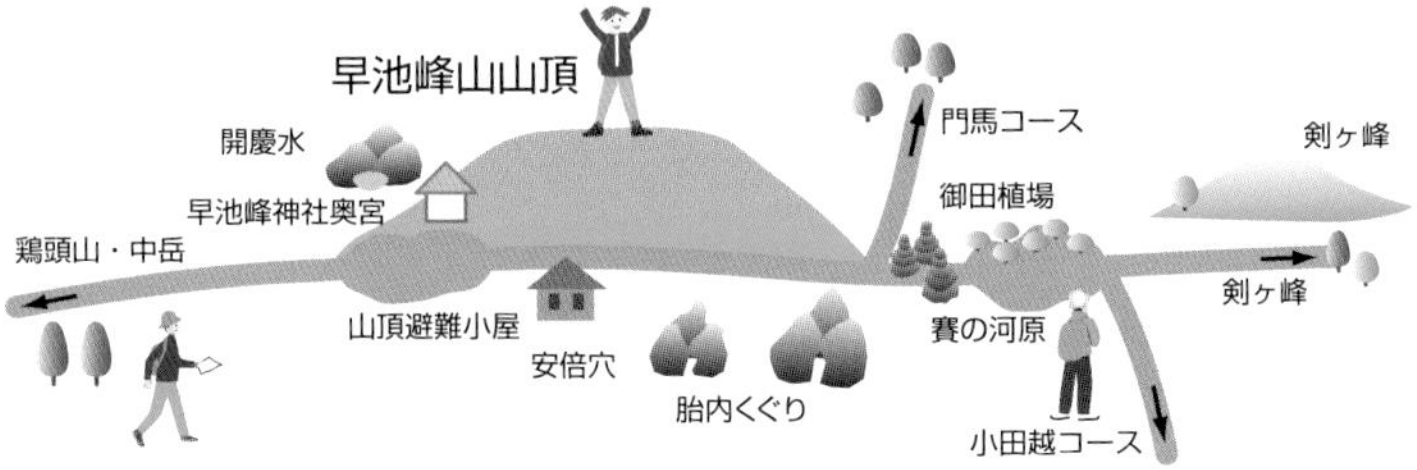

剣ヶ峰の山頂には標柱が立つ

二つのピークが並ぶ

早池峰山頂部から下り調子で剣ヶ峰を目指す

＊コースマップ

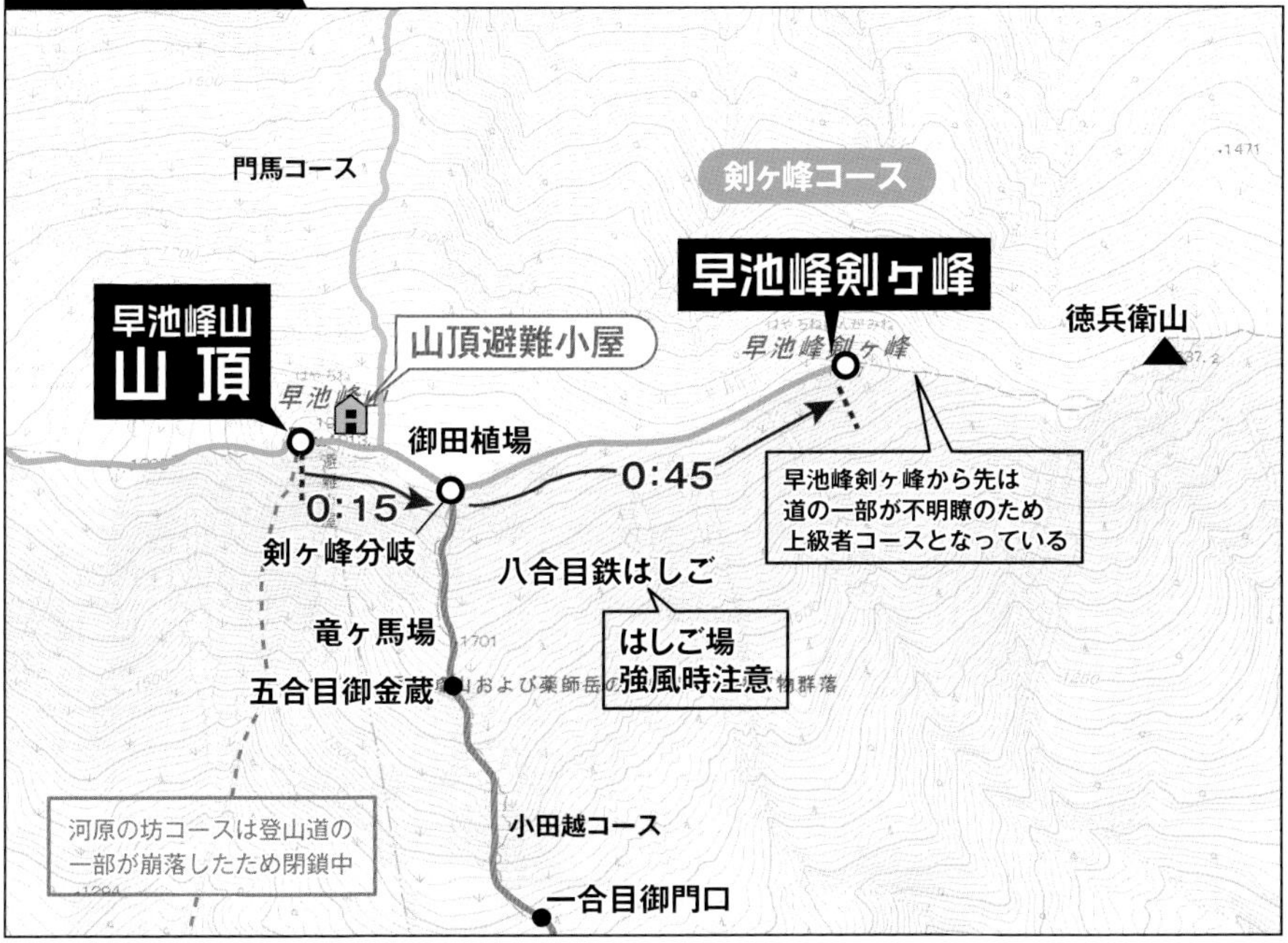

門馬《かどま》コース

北斜面の原生林を登る4時間を超えるロングコース

握沢登山口 ― 早池峰山山頂▼

登り▼4時間50分
下り▼3時間30分

Kadoma

北斜面を登る門馬コースは、高山植物が彩る南斜面とは趣を異にしたロングコースだ。沢を渡り、ブナやヒバなどの原生林を進むコースは、登山客が比較的少ないこともあって、森閑としながらも大自然の魅力にあふれている。

盛岡方面からだと、まずは国道106号を宮古方面に向かう。門馬トンネルを抜けると「早池峰山登山口」の標識が現れるので分かりやすい。よく整備された林道を道なりに進んだ先に、きれいに区画された駐車スペースが現れる。ここが門馬コースの登山口である握沢《にぎりさわ》登山口だ。

登山口を出発してしばらくは、握沢を右手に見下ろしながら登山道を進む。握沢そのものをまたぎはしないが、鳥居のある五合目までいくつもの橋が連続して現れる。やがて、それまでの頑強そうな橋とは違う木製の橋がかかった場所に着く。この橋を使ってようやく握沢の対岸に渡ることとなる。この木橋を渡った先が、早池峰神社の鳥居がある五合目だ。雨後の増水には十分注意したい。

鳥居から先は、それまでの緩やかな道から一転して急坂の連続となる。早池峰山頂までの距離3キロ弱に対して、標高差1000メートルの本格的な登りだ。長い樹林帯の登山道には六合目、七合目、八合目、九合目まで標識があり、休憩を取るいい目安となる。

六合目は平津戸《ひらつと》コースとの合流点になっているが、平津戸コースは2023年現在、通行止めになっており、登山道整備が行われていない。この先から朽ちかけた木が増えてくる。折れた枝で負傷しな

序盤は緩やかな登山道が続く

いくつもの橋を越えて五合目を目指す

五合目付近の鳥居。
ここからが門馬コースの醍醐味(だいごみ)と言える

山頂近くのハイマツ帯を行く

いよう、頭上にも注意を払おう。

七合目付近から登山道に岩が目立つようになる。これまでと路面状況が変わるので、足を滑らせないように注意が必要だ。右手にアイオン沢の崩落地が見えてくると、石仏のある八合目はもうすぐだ。

八合目の標識が近づくと視界が開け始める。八合目を過ぎると一層視界が開け、高度感を得られるようになる。

九合目を過ぎると灌木《かんぼく》に覆われた早池峰の北斜面がよく見えるようになる。ここまできて、ようやく早池峰らしい景観に出合える。

巨岩と灌木が入り交じる登山道は、緩やかに高度を上げるように続いている。早池峰山山頂避難小屋の赤い屋根が見えるようになると分岐点は近い。御田植場《おたうえば》周辺で小田越からの登山道と合流する。

五合目から九合目までに設置された標識

コメツガやオオシラビソの森を登っていく

早池峰山頂避難小屋を北斜面から見上げる

＊コースマップ

❶広い駐車場がある握沢登山口

❷握沢にかかる木橋と五合目の鳥居

❸九合目を過ぎると高山的景観となる

基本装備ガイド

Mt. Hayachine

登山は非日常の領域に足を踏み入れることだと十分に理解することが何より重要になる。その最たるものがシューズ、レインウェアなどの登山装備で、時に命を左右することがある。しっかり装備を整えて安全な登山を楽しもう。

ソックス

ソックスは、シューズ同様に重要な装備のひとつ。足のトラブルはソックスが原因で起こることもあり、素材と性能をよく確かめて靴ずれを防いでほしい。吸汗速乾性に優れたものを選び、シューズとの相性によって素材、厚みを選ぶことが大事だ。

シューズ

早池峰山域は、蛇紋岩、木道、木の根、時には泥濘《でいねい》を歩き、濡れたコンディションでは滑りやすい場所が多い。滑ることは転倒につながり、転倒は骨折をはじめとする大事故の要因ともなる。足首の自由度がそれなりに高く、あまり硬すぎないシューズが歩きやすい。一般的にトレッキングシューズと呼ばれるものやトレイルランニングシューズがおすすめだ。スニーカーやサンダル等では絶対に登らないこと。

レインウェア

雨などによる濡れを防ぐほか、行動不能に陥った時に命を守る大事な装備である。積極的に使用することを想定して、透湿性能、ストレッチ性能の高いものを選ぼう。すぐに取り出せるように軽量、コンパクトに畳めるものが使いやすい。透湿性がないビニール合羽は蒸れやすく、結果的に濡れてしまううえ、すぐに破損してしまうものがあるのでお勧めしない。

汗冷え対策のアンダーウェア

現代登山の必需品とも言える装備が、汗冷え対策のアンダーウェアだ。保水しない素材を使用しているため、発汗による濡れの不快感を軽減する効果があり、低体温症や体力消耗の原因となる汗冷えを防ぐことができる。とくに寒暖差の大きい春や秋には大いに活躍してくれる。

バックパック

一概に容量で選ばず、自身の体型に合うものを第一に選びたい。背面パネルのサイズが合わないものを選ぶと疲労しやすくなるからだ。装備品が軽量、コンパクトなもので構成されていれば容量は小さくて済み、行動力が上がる。一方で防寒着などのかさばる荷物が増える季節には、容量が大きいものが役に立つ。容量の大きいバックパックは、背面パネルのサイズが異なることが多いので店頭でよく確かめよう。

帽子

早池峰山域は、樹林帯を抜けると直射日光にさらされることが多い。とくに盛夏は、熱中症に陥る危険性が高まるため、帽子で直射日光を和らげる工夫をしたい。つばの広いものは日除け効果が高い半面、風にあおられる危険性に留意したい。

ヘッドランプ

万が一のことを考えるなら必ず持っていたい装備品だ。トラブルにより下山時刻が遅れた時、どんなに体力があっても真っ暗な道を歩くことはできない。ヘッドランプがあるだけで安全性が飛躍的に増す。最近では数十グラムの軽いタイプもある。スマートフォンの明かりはバッテリーの消耗が早く、片手をふさぐため、できるだけ使用を避けること。

サングラス

夏の強い日差しや残雪の照り返しから眼球を守るためにもサングラスを着用したい。強い紫外線は一時的に視力を低下させ、登山の安全性を損なう危険がある。

グローブ

岩をつかんでよじ登ったり、鉄はしごを登ったりと、早池峰登山は両手を使う機会が多い。予期せぬ傷を防ぐためにもグローブを備えよう。

協力：ミレー・マウンテン・グループ・ジャパン株式会社／株式会社キャラバン

コラム
COLUMN

そして、携帯トイレが普及した

登山と排泄《はいせつ》行為は、山に登る全ての人が避けて通れない問題だ。深田久弥《きゅうや》の名著『日本百名山』にも取り上げられた早池峰山は、全国に先駆けて携帯トイレが普及した山でもある。

1990年代の早池峰は高山植物の盗掘、登山コース外の踏み荒らしとともに山頂避難小屋のトイレが大きな問題だった。当時のトイレは地下浸透式といえば聞こえはいいが、つまりは「垂れ流し」。この問題に早くから取り組んだのが、菅沼賢治さんを中心とするボランティア団体「早池峰にゴミは似合わない実行委員会」と「携帯トイレサポート早池峰」だ。菅沼さんが「トイレではなく、ごみ捨て場」と振り返る山頂トイレは容量を超え、自然環境への影響は深刻だった。

全国初の担ぎ下ろし

名峰をこれ以上汚すわけにはいかない―。地下浸透式に疑問を感じた菅沼さんら有志が、許可を得たうえでし尿の担ぎ下ろしに着手したのは1993年11月25日のこと。全国初、雪の登山道を人力で運んだゴミ・し尿は約110キロだった。

危機感を覚えた菅沼さんたちが携帯トイレの普及に乗り出したのは、それから5年後の1998年。登山者への啓発を行い、行政に粘り強く働きかけた。官民で山頂トイレの在り方を探る会合が翌年から何度も開かれたものの、議論はまとまらない。2年かけた結論は、携帯トイレ用の個室を新設する一方、人力による担ぎ下ろしの継続だった。

担ぎ下ろしに加え、携帯トイレ専用室の維持・管理、使用済み携帯トイレ

山頂トイレのし尿を担ぎ、雪の登山道を進む菅沼さんら有志メンバー＝1993年11月25日（菅沼さん提供）

便槽からし尿をくみ取るボランティア。担ぎ下ろしは2014年まで続いた＝2007年6月

の回収など、ボランティアに頼らざるを得ない状況が続いたが、地道な活動は決して無駄ではなかった。全国に例をみない取り組みは「早池峰方式」として注目を集め、登山者のマナーは徐々に向上していった。２００７年に岩手日報文化賞社会部門を受賞すると、２０１１年には日本山岳遺産基金の認定地となり助成金が得られるようになった。

21年間で９４５０トン

そして２０１４年、ついに山頂避難小屋の便槽がふさがれ、携帯トイレ専用となった。21年間で山頂から運ばれたし尿は９４５０トン余り。延べ２４００人が参加した「重労働」の歴史に終止符が打たれた。ピーク時には年間で１３００キロあった担ぎ下ろしは、「最終年度」には１８０キロにまで減少。携帯トイレは確実に早池峰山の登山客に普及していた。

菅沼さんは言う。「そもそも登山という行為は自然を求めて山に登るはずなのに、その自然の中で利便性を求めるという行為は不自然ではないか」。美しい早池峰の景色を次代に残せるかどうかは、私たち一人ひとりがどう行動するかにかかっている。早池峰登山を楽しみながら、貴重な自然を守り伝えていくことについても大いに考えたい。そして、早池峰でボランティアの方々に出会ったら、何度でも言おう。「ありがとう」と。

（太宰　智志）

早池峰山山頂から西に下ったた稜線上にあるケルン

縦走コース 上級者向け
山頂－中岳－鶏頭山

変化に富んだ充実のロングコース
上級者向けの稜線歩き

早池峰山山頂 ― 鶏頭山山頂
▼
5時間

早池峰山と鶏頭山を結ぶ登山道があり、この登山道でしか行けない中岳《なかだけ》（1679メートル）というピークがある。この区間の距離は6キロ弱と決して長くはないが、アップダウンがそれなりに大きくある。初夏までは登山道が雪に隠れているので、雪解けを待って歩きたい。

　コースの途中に、エスケープに使える道や避難場所はないため、天候、時間など

遥かなる縦走路を眺める

綿密な計画が必要となる。
　初心者がこのコースを踏破する場合、小田越から早池峰山頂を経て、中岳、鶏頭山と縦走して岳登山口までは休憩時間を除いて11時間程度を要する。天候の急変、急病や負傷、日没などにより計画通りに踏破できない場合に備えて、早池峰山頂避難小屋または鶏頭山避難小屋に避難できるよう予備の計画をたてておきたい。

素晴らしい展望が楽しめるが滑落には気をつけたい

早池峰山山頂から西に進路をとる。はじめに目指すは中岳。鶏頭山を見下ろすため、縦走気分を大いに味わうことができる。一部の区間はぬかるみがあり、雨後や雪解け間もない頃は気をつけたい。特に泥がついたシューズは岩場で滑りやすくなるため注意が必要だ。中岳の山頂西側は難易度が高く、大きな岩をよじ登ったり、慎重に下ったりするなど、両手両足を存分に使う場面がある。

岩場の連続を過ぎると、しばらくオオシラビソの樹林帯を進む。ここは木の根、岩で足を滑らせないように注意したい。途中に水場の標識があるが、渇水時に涸《か》れることがあり飲用には期待しないほうがいい。

長いと感じた樹林帯を抜けると南側の展望が開ける。目指す鶏頭山がよく見える

中岳山頂付近にあるアリの戸渡りのような道

中岳から西はオオシラビソの森を通る

高山的景観の早池峰西斜面

高度感あるトラバース道を行く

ようになると、いよいよ最後の登り返しとなる。広い尾根を登り切ると鶏頭山の山頂だ。

鶏頭山から望む縦走路。中岳の向こうに早池峰山が見える

岩の隙間を慎重に通り抜ける

さながら手を使って岩場をよじ登る「スクランブリング」のようだ

中央に見える鶏頭山を遠く感じる

＊コースマップ

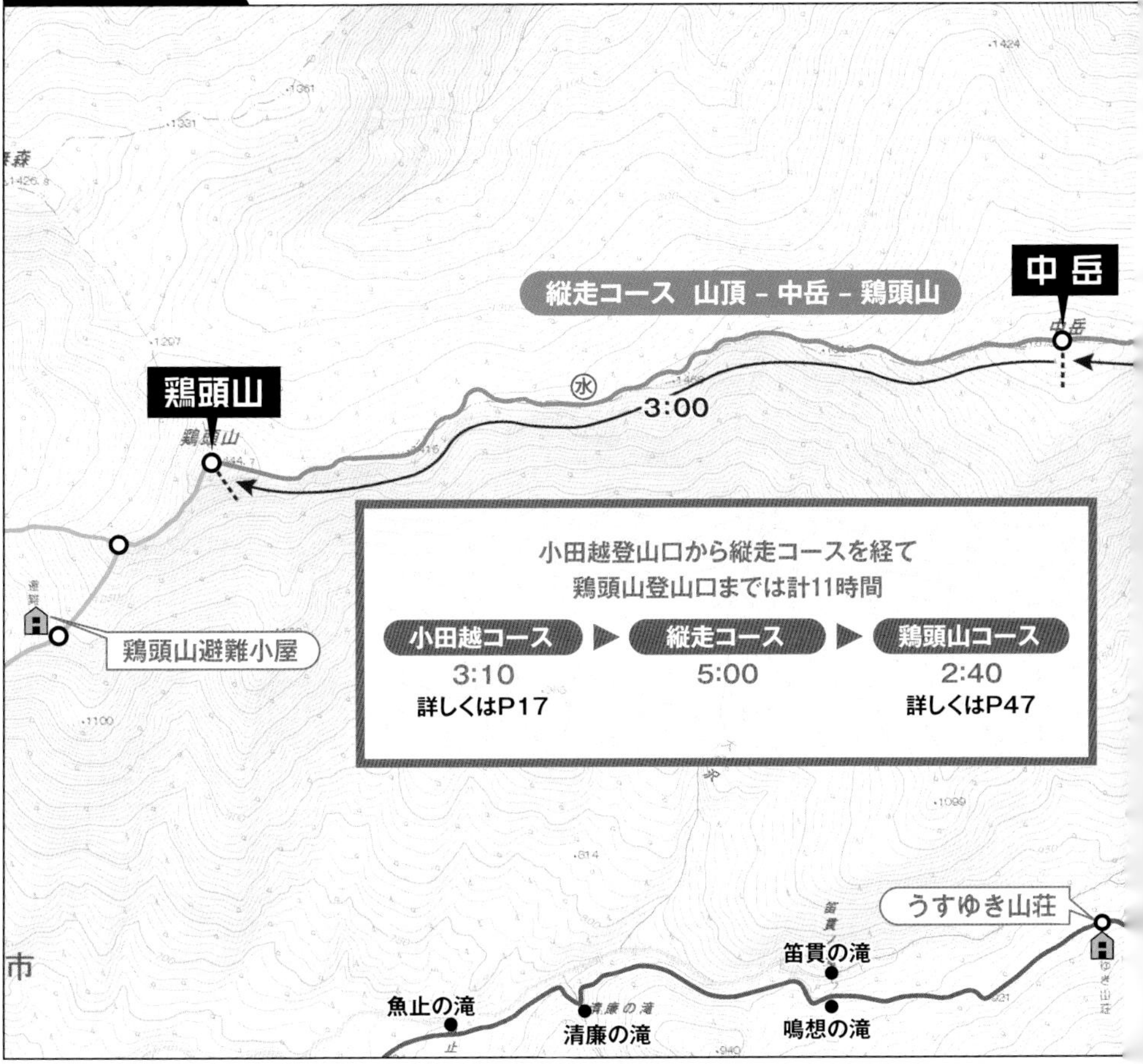

初夏の縦走路は残雪に覆われている

縦走路の中も番号標識が道標となる

早池峰山にいちばん近い宿〈花巻市〉

早池峰ロッヂ　峰南荘

花巻市大迫町にある「早池峰ロッヂ　峰南荘」は、早池峰山に一番近い宿として半世紀以上も親しまれており、シーズンになると県内外からの登山客や、早池峰神社の参拝客でにぎわう。かわいらしい赤い屋根は、早池峰登山のシンボルともいえる存在だ。

隣接するガラス張りの「お山カフェ　アスチルベ」は食事もでき、レモンソースを使った「魔女パスタ」や、ラーメンにおこわと小鉢がついたボリューム満点の「山男セット」が人気とか。早池峰登山に必携の携帯トイレも販売しているほか、バッジや手ぬぐいなど、山好きの心をくすぐるオリジナルグッズも好評だ。

早池峰ロッヂ 峰南荘

岩手県花巻市大迫町内川目 1-72
電話・FAX 0198-48-5214
(電話受付／10:00～16:00)
※水･木曜は宿泊のない場合は休業
カフェは 11：00 ～ 16：00
(水･木曜は定休日)

利用料金等
●1泊2食 9,900 円～、素泊まり 5,500 円
※宿･カフェ共に営業は例年 5 ～10月

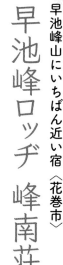

横沢温泉　静峰苑

山あいにたたずむ一軒宿〈宮古市〉

早池峰山の東、宮古市江《え》繋《つなぎ》タイマグラへ向かう途中、静かな山あいに建つ「横沢温泉　静峰苑」。早池峰登山のほかトレッキングや渓流釣りなどの拠点としても利用されており、登山シーズンには県外からのツアー客も多い。大正時代に発見されたという温泉は宮古市唯一の天然温泉で、とろみのあるお湯は腰痛や関節痛に効果があるとされ、湯上りは肌もしっとり。2021年にリフォームされた浴室も快適だ。

地元で採れた山菜料理も好評で、山里の美味と効能豊かなお湯を目当てに足を運ぶリピーターも多い。日頃の喧《けん》騒《そう》を離れて、登山と温泉をゆったり楽しみたい人におすすめの宿だ。

横沢温泉 静峰苑

岩手県宮古市鈴久名4-5-4
電話0193-74-2444
（電話受付／
9:00～18:00）
※火曜日定休

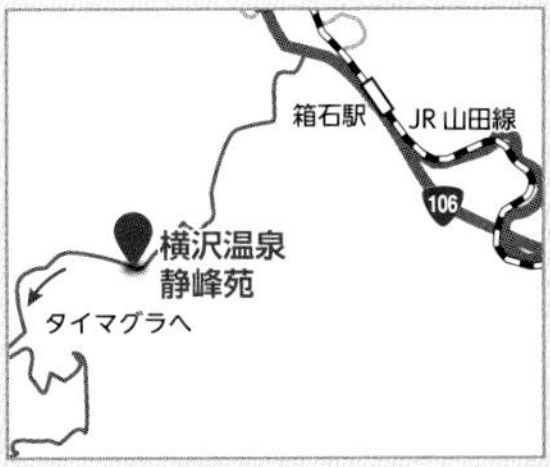

利用料金等

●1泊2食 7,500円、素泊まり 4,500円
※日帰り入浴、個室休憩もあり

鶏頭山《けいとうさん》

東西二つの登山ルート
眺望良好だが中級者以上向け

鶏頭山登山口 ― 鶏頭山山頂▼

鶏頭山避難小屋経由
登り▼3時間40分
下り▼2時間40分
七折の滝経由
登り▼4時間40分

Mt.Keitosan

鶏頭山（1445《メートル》）はかつて女人禁制の早池峰山に代わり、女性が登っていたという。避難小屋を経由する東側コースと、「七折《ななおり》の滝」を経由する西側コースの二つがあり、中級者以上のコースだ。

鶏頭山避難小屋経由

早池峰登山の拠点となる岳《たけ》駐車場から700《メートル》ほど離れた場所に登山口がある。岳川に架かる橋を渡り、車道を登っていくと登山口だ。

鶏頭山避難小屋まではカラマツ林、広葉樹林と、その姿を変えながら日差しを遮る樹林帯の登りが続く。登山道はよく整備されて歩きやすいが、雨後は滑りやすい地質のため、転倒には注意したい。

登山道には数字が書かれた標識がところどころにあり、山頂に向かうにつれて番号が減っていく。カラマツ林の中にある「畳石」は232番。この先はつづら折りの登山道を進む。鶏頭

山頂手前のピークには石仏が安置されている

早池峰と薬師岳の姿が美しく見える鶏頭山山頂

山は登山口と山頂との標高差が大きく、体力を要する山だ。それでもつづら折りの道のおかげで、急坂でも登りやすくなっている。

　順調に高度を上げていくと、２１７番の標識がつけられた岩の裂け目が現れる。登山者からは「通称メタボ返し」と呼ばれており、大きな荷物がひっかかってしまうほど隙間が狭い。ただ、右脇に迂回路《うかい》があり、誰でも安心して通行できる。

　鶏頭山避難小屋を過ぎると亜高山帯針葉樹林となり、やがてハイマツ帯となって視界も大きく開ける。巨大な岩塊が目に映り、山頂が近いことを感じさせる。鉄はしごが見えると西側コースとの合流点だ。この付近から高山植物が増え始める。初夏にはミヤマキンバイの

岩と岩の隙間は注意して通過したい

急登はつづら折りの登山道になっていて登りやすい

花園が広がり、かれんなヒメコザクラも見られるなど、初秋まで高山植物が楽しめるのも魅力の一つだ。

　鉄はしごをいくつか過ぎると石仏が安置されたピークにたどり着く。周囲の展望はとても良く、早池峰山と薬師岳が間近にそびえ、振り返れば岩手山、和賀岳、焼石岳、栗駒山の奥羽山脈の山々だけでなく鳥海山の姿を望むことができる。ここから細かなアップダウンや岩と岩の隙間を抜けながら登っていくと、三角点のある山頂にたどり着く。

鉄はしご付近では高山植物が増え始める

遠く岩手山を望む

避難小屋を過ぎて見えるのは、石仏のあるピークだ

岳の集落を見下ろす

七折の滝経由

「七折《ななおり》の滝」を経由する西側コースは、東側コースより1時間ほど長くかかる。鶏頭山登山口を左に進み、50《メートル》程先が登山口となる。杉林がやがて雑木林となり、緩やかに高度を上げていく。沢音が近づくにつれ、山腹を横切るトラバース道が増えてくる。道はしっかりしているが、足を滑らせないように注意したい。

　さらに沢音が大きくなってくると、沢をまたぐ箇所がある。渡った先のピンクリボンを目印に進んでいくと滝のような沢と出合う。さらに高度を上げながら沢沿いに進んでいくと、轟音《ごうおん》とともに屈折しながら流れ落ちる荘厳な滝が現れる。これが七折の滝だ。

　滝の前には御堂があり、御堂の脇に登山道が続いている。まるで滝を高巻くように急斜面に造られた道は、落石を起こさないよう、また進行方向を誤らないように注意して登りたい。

　急斜面を登りきると、またしばらく樹林帯の中を進む。途中、岩と岩の隙間を縫うように進む箇所がある。ブナ林をどんどん進んでいくと、やがて灌木《かんぼく》帯に変わる。景色が大きく開け、巨岩が目立ち始めると、そこは鉄はしごのある分岐点だ。

　西側コースは急斜面やトラバース道が多いため、安全のために下山よりは登りで使用したい。東側コースに設置されている番号標識はない。

巨岩の隙間を潜り抜ける

名前の通り何度も向きを変えながら流れ落ちる七折の滝。水が勢いよく吹き出す様子は迫力十分

序盤は山腹をトラバースしながら進む

鉄はしごの手前が合流点になっている

七折の滝を左に見ながら登山道が続く

長い急登を抜けると一気に視界が開ける

＊コースマップ

山小屋情報

鶏頭山避難小屋

岳の登山口から鶏頭山山頂へ向かい、2時間ほど登った標高1160m地点にある避難小屋。

- 収容人数　約30人
- トイレあり
- 無料開放
- 通年利用可

▶問い合わせ　花巻市大迫総合支所 地域振興課
TEL.0198-48-3124

コラム
COLUMN

鶏頭山の「山頂」
地蔵菩薩の場所こそ本来の頂

早池峰国定公園自然公園保護管理員　八重樫　理彦

早池峰連峰の西端に位置する鶏頭山（１４４４・７メートル）の西側に、石造りの地蔵菩薩像が安置された岩峰（１３７３メートル）がある。ここには以前「ニセ鶏頭」と書かれた標識があり、今でもそう呼ぶ登山者は少なくない。登山地図などでも標識にならい表記されてきたからである。

私は初めて鶏頭山に登り急登《きゅうとう》の連続の末に頂上らしき岩峰にたどり着いた時、そこに「ニセ鶏頭」という標識を見て心底がっかりした。本当の山頂はそこから20分も先だったのだ。しかし、鶏頭山の名前の由来は山頂の岩場があたかも鶏のとさかのような形状をしているからだと考えられる。とすると、こちらが本来は鶏頭山の山頂ではなかったのか。私は「ニセ鶏頭」の呼称に疑問を持ち、その由来を調べ始めた。すると、地元大迫町には以前からこの呼称に異議を唱えた人たちがいたことがわかった。

元大迫町教育委員会文化財調査委員で郷土史家の小野義春氏は次のように書いている。

「山名の鶏頭山の由来は、名が示すように頂上の岩場が鶏頭に似ているところから名付けられた。『巌手縣管轄地誌　第三號之三』は明治九年（一八七六）八月に編輯《へんしゅう》された陸中國稗貫《ひえぬき》郡内川目村の「村誌」であるが、それには、山名の起因が示されている。

鶏頭（ケイトウ）山　早池峰ノ支山ニシテ西ニ卓出ス、巓頂《てんちょう》ニ亂石《らんせき》ヲ頂ク、遙《はるか》ニ之ヲ望メハ鶏頭ノ如《ごと》シ、因《よっ》テ名ツク

とあり、「巓頂」の「亂石」の形に基づく。この巓頂は国土地理院地形図に示す山頂（一四四五ｍ）のことではない。（中略）最も典型的な景観としては、大又の新山川、新山橋付近からの眺望であろうか。「遙ニ之ヲ望メハ鶏頭ノ如シ」とは、この付近を視点とする視角と考えられる。」（中略）

「乱石をいただく岩場には

花巻市大迫町内川目大又集落付近から（左奥が三角点のある現在の山頂）

石造りの地蔵が祀られている。延命地蔵である。しかし原鶏頭としての由緒と歴史は忘れ去られ、心無い一部登山者によって昭和三十年代初頭あたりから「ニセ鶏頭」などと汚名的名をきせられるようになった。（中略）これは草鞋《わらじ》履きの登《と》拝《はい》（信仰登山）から登山靴を履いた登頂（スポーツ登山）への変わり目で起きている。」
（小野義春「大迫の地名（9）鶏頭山は地蔵の山」2009年）

鶏頭山の山名はやはり岩峰の形状から名付けられたものであり、古人はその岩峰を山頂だと考えていた。それが現在の山頂に取って代わられたのは国土地理院が三角点をより標高の高い現在の山頂に設置した時だと思われる。三角点のある山頂はなだらかで、とさかに見える岩場は存在しない。より高いピークが山頂とされて以降、登山者は地図上の山頂を目指し登るようになる。その途上で一見山頂と思われるピークに到達するもそこが山頂でないと知り、「ニセ」の山頂であると呼び始めたのだろう。

小野氏は「ニセ鶏頭」の呼称は本来の由来を無視して着せられた汚名であるとしている。また、大迫町立山岳博物館の館長だった故一ノ倉俊一氏もニセ鶏頭という呼称に異議を唱えていた。

「ニセ○○という名は、近代登山の時代になって、い

本来の頂はここだ

わゆるアルピニストたちが各所に命名した俗名である。彼らは最高点への登頂を重視し、その最高点への途次に似た山の形があると、目的の山頂かとだまされると称し、ニセという不愉快な名称を付した。景観的に鶏頭に似た地点であっても、それが彼らの考える真の山頂、すなわち最高点ではなく、その肩に位置するに過ぎないとして、勝手に名を変えたと思われる。

山岳信仰の時代は地形景観重視の時代、近代登山の時代は海抜高度重視の時代、ということができよう。山に対する人々の心持のありようとしては、前者が本来のものである、と筆者らは考える。」

(一ノ倉俊一・米地文夫「早池峰山の地形景観と地名・伝承との関係」『研究調査報告書　早池峰の自然環境』社団法人東北地域環境計画研究会、2009年、P28—P29)

ところで、本来の鶏頭山頂が「ニセ鶏頭」と呼ばれたのと同じ時期に、同じ場所を「前鶏頭」と表記した例もある。旧大迫町(現・花巻市大迫町)が発行した「早池峰国定公園案内図」(早池峰山が国定公園に指定された1982年以降に発行されたと推定される)には、前鶏頭と書かれている。また『岩手の山やま』(高橋喜平・高橋亭夫・中村正著、熊谷印刷出版部、1985年)にも前鶏頭の表記がある。ニセ鶏頭と呼ばず前鶏頭と呼ぶ人々もいたのだ。

鶏頭山は、早池峰山が女人禁制だった時代にも女性が登ることを禁じられていなかったと言われている。今回、あらためて石造りの地蔵菩薩像の背面に刻まれた銘を確認してみると、「元治（げんじ）二乙丑（きのとうし）五月吉日」と刻されているのが確認できた。元治2年（＝1865年）は4月7日に改元されているため正式には慶応元年となる。いずれ幕末には鶏頭山に地蔵菩薩の信仰があったことがわかる

だがここが本来の山頂だったことを考えると、「前鶏頭」もまた正しい呼称とは言えない。その後、岩手県が「ニセ鶏頭」の標識を設置したことで「ニセ鶏頭」の方が広まったと思われる。

私は、鶏頭山を仰ぎ見る岳《たけ》集落の民宿「大和坊」のご主人で、昭和から平成にかけて早池峰国定公園の自然公園保護管理員をされていた柳田順悦さんにこのことについて聞いてみた。すると、地元ではお地蔵さんのあるところをもともと鶏頭山と呼んでいて、登山者が「ニセ鶏頭」と呼び始めたのは岩手国体（1970年）の頃からだとおっしゃった。ついでに「前鶏頭」についても聞いてみたところ、そう呼んだこともないという。

いずれにせよ、本来土地の人々に山頂だとみなされてきた頂をニセと呼ぶべきではない。また、三角点は測量のために見通しのよい場所に設置したものであり、山頂を決めるためのものでもない。三角点と山頂は必ずしも一致する必要はないのである。もう一度地蔵菩薩のある本来の場所に鶏頭山頂を戻してはどうだろうか。

【注】小野義春氏の項のルビは本書用に振ったもので、原文にはありません。

薬師岳《やくしだけ》〈夏〉

早池峰を望む第一級の特等席をもつ秀峰

薬師岳登山口▼薬師岳山頂

登り▼1時間50分
下り▼1時間20分

Yakushidake.Natsu

薬師岳（1645メートル）は、早池峰山に対峙《たいじ》するようにそびえる、美しい山容を持つ山だ。標高は早池峰山に劣るものの、その頂から眺める早池峰山は唯一無二の美しさと言っていい。

小田越登山口と県道を挟んだ登山口から山頂まで、ほとんど直登《ちょくとう》に近い。傾斜はいささか急ではあるが距離は短い。早池峰山を背に出発するとしばらく木道が続く。木道には滑り止めの細工が施されているが、足を滑らせないように注意したい。木道が終わると階段上の道に変わる。早池峰山と同じく、視界が開けるまではオオシラビソが目立つ。

やがて金属製のはしごが設置された場所に出る。この辺りから視界がだいぶ開け、早池峰の美しい山容が目に飛び込んでくる。5月下旬頃までは、この周辺に残雪があると思ったほうが無難だ。時に雪を踏み抜いて怪我をすることもあるので、雪上歩行は慎重にしたい。

視界の開けた山頂部と異なり
樹林帯は神秘的な雰囲気をもつ

登山道序盤は木道から始まる

早池峰の小田越コースから薬師岳を望む

山頂周辺の巨岩も薬師岳を特徴的なものにしている

これほど早池峰を美しい姿で眺められる場所は他にない

オオシラビソの森は早池峰山域を代表する景観だ

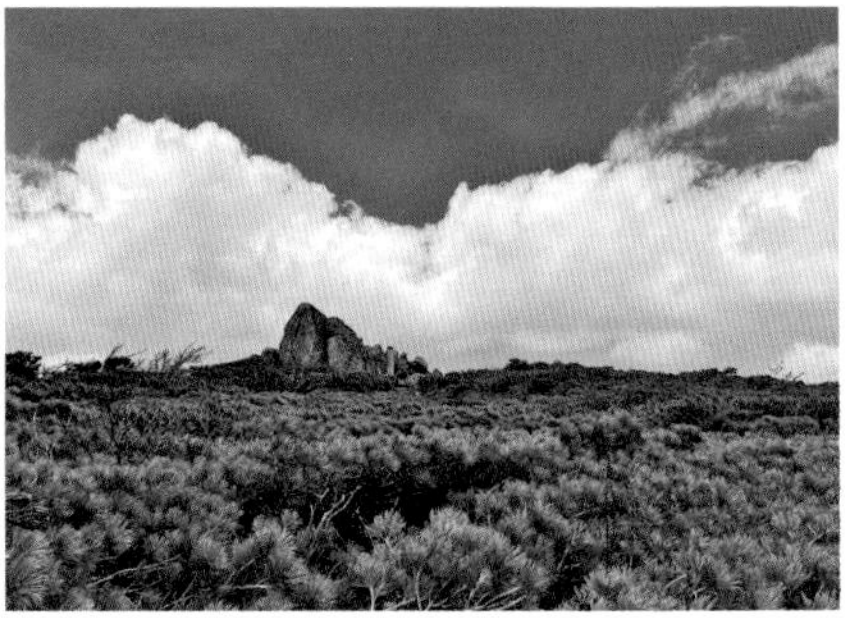

ハイマツに覆われた薬師岳山頂部

はしごを過ぎると周囲の木々は背丈の低いものばかりになり、遮るものがない良好な視界となる。まるで高山を歩いているような気分になれる。

傾斜をきつく感じた登山道が終わり、広い尾根の上に出る。薬師岳山頂の端正な姿を目指して道は続いている。大きな岩を横に見ながら歩を進めると、巨岩の上に薬師岳山頂の標識がある。早池峰を眺める特等の展望席は、しばし言葉を失うほどの美しさだ。

山頂から又一の滝、薬師

初夏まで残る残雪は、踏み抜きに注意が必要だ

堂を通り登山口に戻るコース、その逆を周回するコースもあるが、初心者では約7時間ほどかかる。時間に余裕をもってチャレンジしてみるのもいいだろう。

しばし時を忘れる薬師岳山頂からの景色

発光するヒカリゴケ

薬師岳〈冬〉

中級者以上

登山口から3時間弱 山頂は白銀の絶景

薬師岳登山口▼薬師岳山頂

登り▼2時間40分
下り▼2時間

岩場が中心の山であることと、登山口からの標高差が大きいため、早池峰山塊の冬季登山は比較的難しい。対して薬師岳は距離、標高差こそ決して小さくはないものの、雪山登山の経験がある中級者以上なら十分日帰りできる、比較的登りやすい雪山だ。

岳《たけ》地区から県道25号を登り小田越を目指す。小田越まで約8キロと距離は長いが、道迷いや滑落、雪崩のリスクが小さいことは大きなメリットとなる。(岳駐車場からうすゆき山荘まではP62~P65を参照)

うすゆき山荘から小田越までの3・2キロは傾斜が増し、心なしか雪の量も深く感じられる。道路はカーブの連続だが、ショートカットできる場所はない。

小田越に到着したら、早池峰登山口の大きな看板を背に登り始めるとわかりやすい。薬師岳北面は傾斜がいささか急ではあるが、広い尾根道なので南に直進するつもりで割と自由に進路をとるように進む。道迷いに備え、地形図や地図アプリを有効に活用したい。特に現在地を即座に知ること

小田越から雪の薬師岳を目指す

厳冬期の雪はキメが細かく美しい

冬の青空と雪の白さが作り出す景観に息をのむ

灌木（かんぼく）と岩が多い山頂部では、雪の踏み抜きに注意

ができる地図アプリの活用は、現代の雪山登山における重要なスキルと心得てほしい。

小田越からはオオシラビソの森を登り高度を稼いでいく。雪山では夏道を忠実に辿《たど》る必要はなく、障害物となる樹木をかわしながら進んでいく。徐々に背の低い木々に変わっていき、山頂部が見えてくる。台地状

雪化粧した早池峰の姿は格別な美しさだ

の山頂部に着くと傾斜は緩み、素晴らしい展望に疲れが吹き飛ぶ。

３６０度の視界が広がる山頂からは、眼前にそびえる早池峰山から鶏頭山の美しい連なりはもちろんのこと、鶏頭山の奥に岩手山、その左側に秋田駒ケ岳、和賀岳、焼石岳のほか、南西方面には鳥海山の姿を見ることができる。夏季に訪れる山頂とは全く違った登頂の達成感が得られるだろう。

帰路は、山頂台地の西側から下りはじめ、常に早池峰に向かって進路をとると安心だ。なるべく往路の踏み跡を辿ることで、道迷いの可能性を大きく減らせる。

県道から薬師岳の北西面を仰ぐ

全方位に展望をもつ薬師岳の頂

＊コースマップ

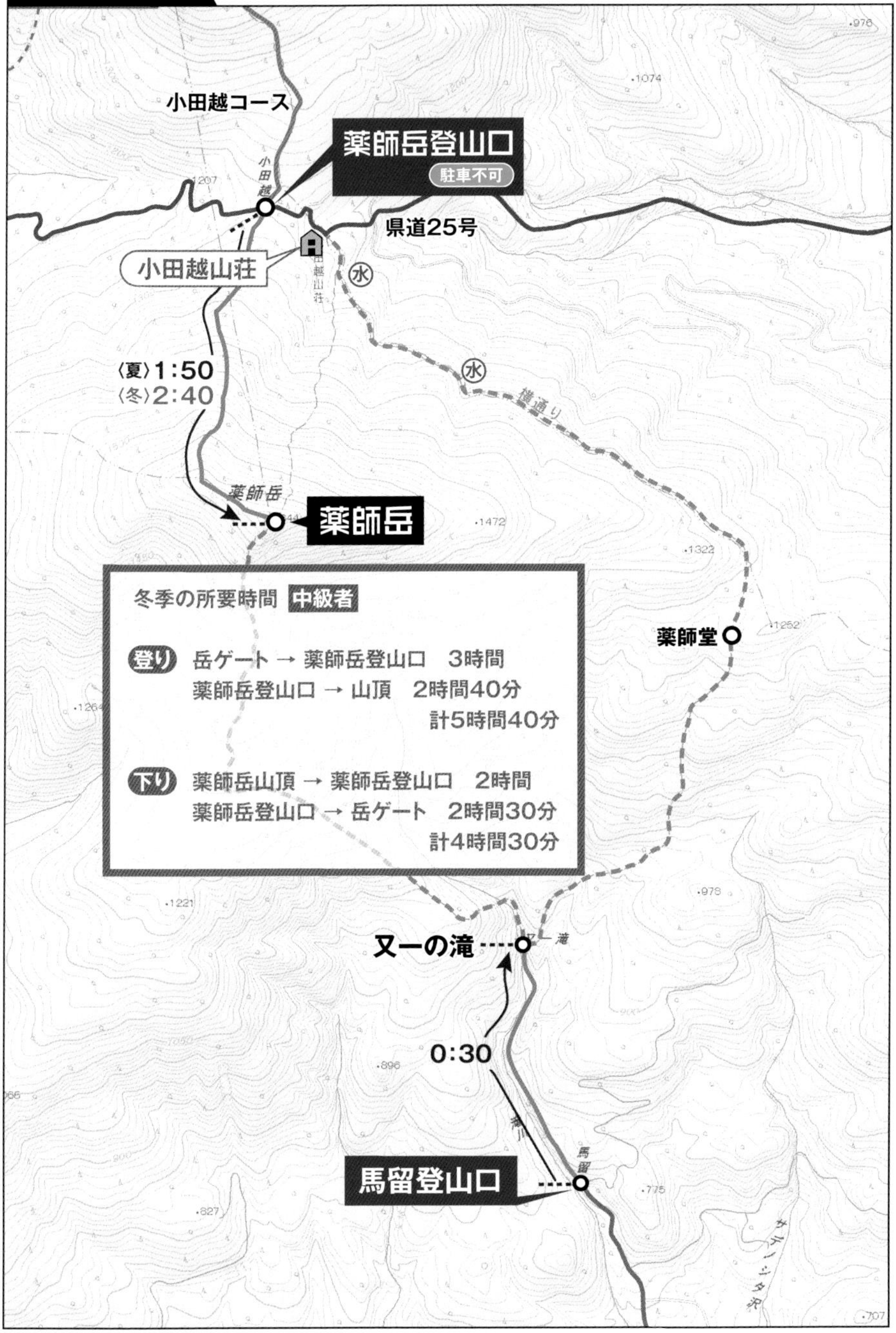
小田越コース
薬師岳登山口
駐車不可
県道25号
小田越山荘
〈夏〉1:50
〈冬〉2:40
薬師岳
薬師堂
冬季の所要時間 中級者
登り 岳ゲート → 薬師岳登山口 3時間
薬師岳登山口 → 山頂 2時間40分
計5時間40分
下り 薬師岳山頂 → 薬師岳登山口 2時間
薬師岳登山口 → 岳ゲート 2時間30分
計4時間30分
又一の滝
0:30
馬留登山口

橋を渡り沢をまたぐ

一枚岩を流れる名瀑《ばく》

又一《またいち》の滝

遠野・馬留登山口

▼30分

美しい一枚岩の川底

遠野市の馬留《うまどめ》登山口から約30分。薬師岳の南麓にあり、一枚岩を流れ落ちる「又一の滝」は、季節を問わず美しいたたずまいを見せる名瀑《めいばく》だ。

遠野市附馬牛《つきもうし》町大出《おおいで》地区にある早池峰神社近くの登山口を出発。沢沿いによく整備された登山道が続き、アップダウンもあまりない。滑落するほど危険な場所は

流れ落ちる様に優雅さを感じる又一の滝

ないが、足元には十分注意して歩きたい。

何カ所か沢をまたぐが、すべて橋が架けられている。一カ所だけ丸木橋があるものの、手前にしっかりした橋があるので安心して渡ろう。やがて木々の奥に、滑らかな巨岩を流れ落ちる優美な滝が見えてくる。

又一の滝にある分岐点を右側に進み小田越に至るコースは、「表登山道」として遠野から霊峰を目指した由緒ある古道でもある。昭和20年代ごろまでは、地元住民が登山客を先導していたという。

また、左側の薬師岳を目指す登山道もあるが、こちらは薬師岳登山道で最も距離が長く、標高差が大きい。体力、時間に余裕をもって臨みたい。

冬のトレッキング
岳《たけ》〜うすゆき山荘

クロスカントリースキーや
スノーシューで楽しむ雪山入門

岳駐車場 ▼ うすゆき山荘 ▼ 3時間

早池峰山麓は雪深い地域でもある。県道25号は冬季閉鎖されるが、雪山登山の「入門コース」に様変わりする。

岳《たけ》駐車場の先に冬季閉鎖のゲートがある。ゲートの脇を抜け、県道をそのままたどりながら登っていく。道迷いの心配がないので、雪山に不慣れな人や、より

早池峰山塊を眺めながら冬季閉鎖の道路を行く

安全に雪山を楽しみたいハイカーに最適だ。訪れる時期によって積雪量は大きく異なる。雪が積もり始める12月ごろは雪も浅く、凍結に備えたチェーンスパイクのみでも歩行可能だ。1月以降は時に膝《ひざ》丈まで雪が深くなるため、スキーやスノーシューなどが必要になる。

午前中の早い時間帯は気温が常に氷点下で、マイナス10度を下回ることもある。重ね着を中心にして、寒い

周囲の木々は適度に風を遮りつつも、
大きく視界を妨げない

うすゆき山荘前は大展望が待っている

雪の中を流れ落ちる清廉の滝

訪れるタイミング次第で
積雪状況は大きく変わる

うすゆき山荘で休憩をとる

時には着る、体温が上がったら脱ぐという柔軟な対応ができるようにしたい。

冬季閉鎖用のゲートを抜けると雪道の脇には広葉樹の森が広がり、岳《たけ》川（下流は稗貫《ひえぬき》川と呼ばれる）を隔てて鶏頭山、中岳、早池峰山の山容がよく見える。

道中、所々に滝の名前が書かれた案内板がある。「清《せい》廉《れん》の滝」と「鳴想の滝」は、たどる道から直接見ることができる。その他の滝は、道を外れ岳川近くまで下りる必要がある。安全性を考慮して流れる沢には近づかず、なるべく県道から眺める程度にとどめたい。

真っ白な早池峰山の姿がよく見える場所までくると、目指す「うすゆき山荘」が建つ場所だ。山荘とは別棟にトイレがある。風雪による破損を防ぐため、山荘を利用した後は戸締まりを確実に。「来た時よりもきれいに」を心がけ、掃除をしてから出発しよう。

うすゆき山荘は休憩や緊急時の避難に使いたい

道路から見えない場所にある滝は慎重に

＊コースマップ

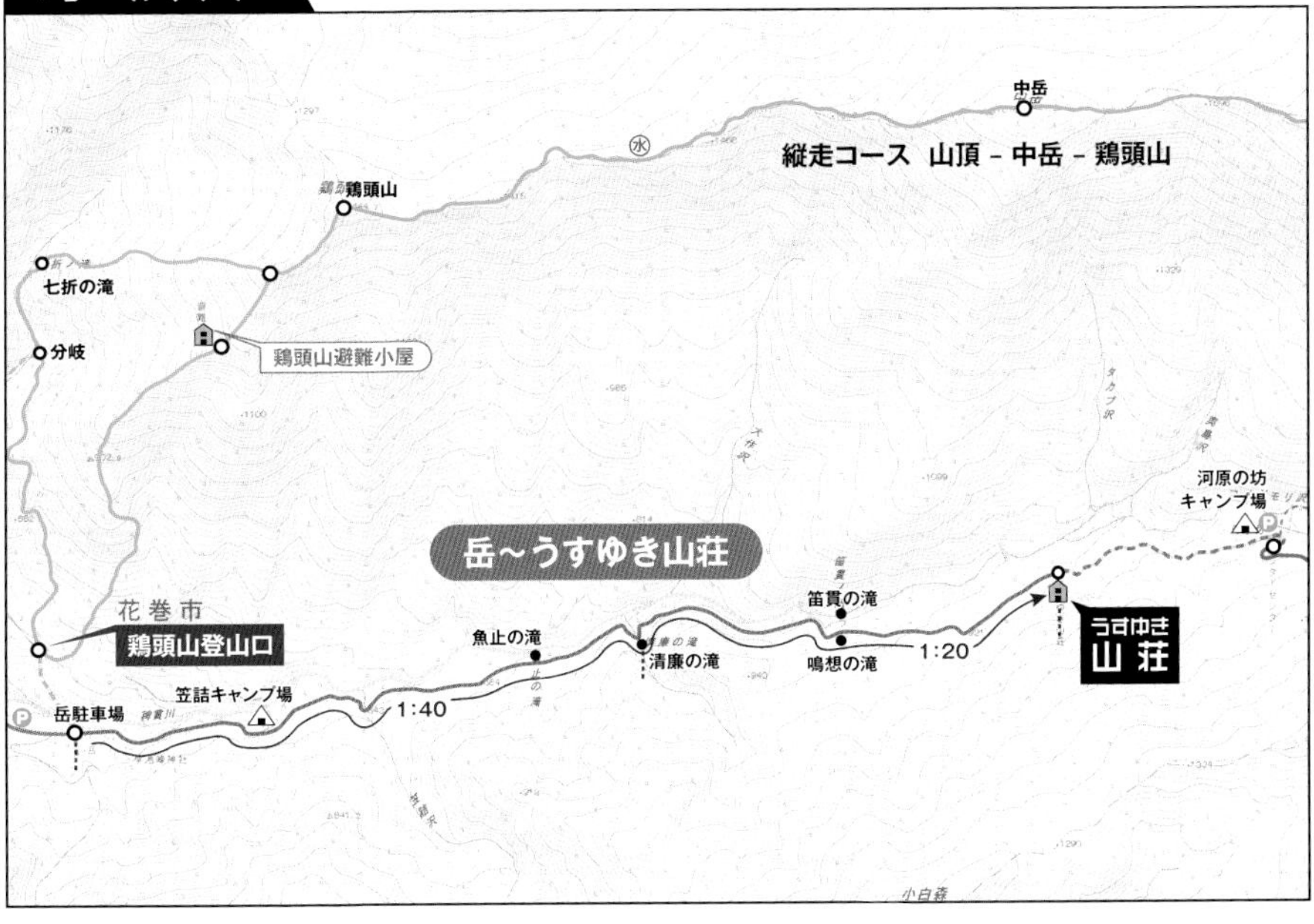

早池峰の高山植物研究史

牧野富太郎ゆかりの植物も

早池峰山及び薬師岳の高山帯・森林植物群落は、国の特別天然記念物に指定されている。この早池峰山の高山植物を最初に発表したのは、日本人ではなかった。江戸時代末期に来日したロシアの植物学者カール・ヨハン・マキシモビッチである。マキシモビッチは、東アジアの植物相を研究していたが、日本が開国された事を聞くと、すぐにウラジオストクから箱館（現函館）に向かった。彼は万延元（１８６０）年11月から元治元（１８６４）年2月まで3年4カ月の間日本に滞在し、精力的に日本の植物相調査を行っている。しかし、当時外国人は日本国内を自由に歩けなかったことから、箱館で採集助手として岩手県紫波郡下松本村（現紫波町）出身の須川長之助を雇い、植物採集の手ほどきをして全国各地の採集を行わせた。マキシモビッチは、帰国後も長之助に採集を頼んで研究を続け、明治元（１８６８）年にヒメコザクラを発表するが、産地は「北日本の甚だ高い山」と書かれているだけであった。続いてナンブトウウチソウを発表。これも「本州北部の南部」として、採集した山の名は書かれていない。しかし、ヒメコザクラもナンブトウウチソウも早池峰山の固有種であるため、これらは早池峰山からの採集と分かるのである。

明治27（１８９４）年には、フランスの宣教師であり「最後の外国人プラントハンター」と呼ばれたジャン・フォーリーが早池峰山に入山し、ハヤチネウスユキソウ、ミヤマアケボノソウなどを採集している。

日本人で最初に早池峰山の植物を発表したのは牧野富太郎である。牧野と言えば、２０２３年のＮＨＫ朝の連続テレビ小説「らんまん」のモデルで、「日本の植物学の父」といわれた人物である。牧野は、岩手県陸前高田市出身の鳥《と》羽《ば》源藏《げんぞう》らの採集品から、明治36（１９０３）年にナンブトラノオ・コバノツメクサ・ナンブイヌナズナなどを発表している。明治38（１９０５）年には、加藤泰秋子爵らとともに早池峰山に入山し、その際に採集したナデシコ科の植物を加藤子爵の名にちなんでカトウハコベと命名した。カトウハコベは早池峰山の固有種とされていたが、後に北海道トッタベツ岳、群馬県至仏山《しぶつさん》、谷川岳からも発見されている。

昭和35（１９６０）年には、石塚和雄が北海道にしか生育が確認されていなかったアカエゾマツの自生地を、早池峰山北側中腹で初めて確認するなどの大発見もあった。

その後も、多くの研究者が早池峰山を訪れ、固有種・北限種・南限種など多種多様な高山植物や森林植物群を発表し、現在の「花の名山」と呼ばれる基礎を築いたのである。

しかし、早池峰山を代表する高山植物であるハヤチネウスユキソウは、その位置づけについての研究がしばらくの間迷走していた。最初はミヤマウスユキソウの大型の花として考えられていたが、明治42（１９０９）年にスイスのボーベルが、北海道礼文島のレブンウスユキソウを発表し、ハヤチネウスユキソウはその同一種と考えられた。そして、明治44（１９１１）年、武田久吉はヨーロッパアルプスに咲くエーデルワイスの変種として発表。翌年には武田・ボーベルの共同研究により、レブンウスユキソウの変種と訂正された。昭和10（１９３５）年になって、北村四郎・原寛の研究により、レブンウスユキソウから区別され、やっと早池峰山の固有種として独立したのである。

（中村　良幸）

ハヤチネウスユキソウ

［キク科］　6月　7月　8月　9月

早池峰山のシンボルともいえるキク科の多年草。早池峰山固有種。茎の高さは10〜20センチほどで、ヨーロッパのエーデルワイスとよく似ている。花に見間違えられる星形の葉や、雪を思わせる綿毛をまとった姿は可憐そのもの。しかし、登山者の踏み荒らしや盗掘が相次ぎ、環境省レッドリストで絶滅危惧ⅠB類、いわてレッドデータブックではAランクに分類されている。

花図鑑

田中澄江の名エッセー「花の百名山」（1980年）「新・花の百名山」（1995年）にも登場する早池峰山は、高山植物の宝庫として名高い。貴重な固有種や世界的な植物学者・牧野富太郎ゆかりの植物など約200種が分布し、夏の早池峰山を多彩に彩る。ただ、踏み荒らしや盗掘、近年はシカの食害もあり、絶滅が心配されているものが少なくない。くれぐれもマナーとルールを守ったうえで、美しい花々をめでてほしい。

環境省レッドリストは「ごく近い将来における野生での絶滅の危険性が極めて高い」ものを絶滅危惧ⅠA類、「近い将来における野生での絶滅の危険性が高い」ものを絶滅危惧ⅠB類としている。

「いわてレッドデータブック」は岩手県版のレッドリスト。この特集では2014年版に基づいて「県版Aランク」などと略して表記した。

ミヤマヤマブキショウマ

[バラ科]　6月 **7月** 8月 9月

蛇紋岩の礫《れき》地に生えるバラ科の多年草。早池峰山固有変種。草丈25～50センチ。３ミリほどの白い花をブラシ状につける。「ショウマ」は漢方の生薬「升麻」のこと。升麻そのものの語源ははっきりしない。県版Ａランク。

ナンブトラノオ

[タデ科]　6月 **7月** **8月** 9月

南斜面の蛇紋岩の礫《れき》地で見られるタデ科の多年草。早池峰山固有種。8月ごろ、15～30センチに伸びた茎の先に、淡い紅色の花を稲穂のようにつける。その姿が「虎の尾」に似ていることから、この名がついた。環境省レッドリストは絶滅危惧ⅠＡ類、県版Ａランク。

ヒメコザクラ

[サクラソウ科]　**6月** **7月** 8月 9月

サクラソウ科の多年草。現在では早池峰山だけで見られる貴重な高山植物である。6月ごろから１センチ前後の白い花を咲かせる。絶滅危惧ⅠＡ類、県版Ａランク。

ナンブトウウチソウ

[バラ科]　6月 7月 **8月** **9月**

バラ科の多年草。早池峰山固有種。山の夏が終わるころから長い茎の先に穂のように花をつける。「トウウチ」は「唐打」で、花の形が唐から渡来した打ち紐《ひも》に似ていることから名付けられた。絶滅危惧ⅠＢ類、県版Ａランク。

カトウハコベ ［ナデシコ科］

6月 **7月** **8月** 9月

ナデシコ科の多年草。植物学者の牧野富太郎が早池峰山で発見し、同行した加藤子爵にちなんで命名した。礫《れき》地を這《は》うように生え、星形の白い花を咲かせる。県版Aランク。

ミヤマアケボノソウ ［リンドウ科］

6月 **7月** **8月** 9月

リンドウ科の多年草。和名は「深山曙草」。星形に咲く花びらにある斑点を、夜明けの空に見立てている。県版Bランク。

ナガバキタアザミ ［キク科］

6月 **7月** **8月** **9月**

キク科の多年草。本州では早池峰山だけで見られる。アザミと名付けられているがトウヒレン属の仲間。県版Aランク。

ナンブイヌナズナ ［アブラナ科］

6月 **7月** 8月 9月

アブラナ科の多年草。蛇紋岩のくぼみなどに生え、目に鮮やかな5ミリほどの黄色い花を多数咲かせる。早池峰山と北海道の一部のみに分布する。絶滅危惧ＩＢ類、県版Aランク。

チシマアマナ ［ユリ科］

6月 **7月** 8月 9月

ユリ科の小型多年草。和名は「千島甘菜」。ニラのような細い葉を伸ばし、茎の先に1センチほどの白い花を咲かせる。岩手では早池峰山と八幡平のみ。県版Bランク。

ホソバツメクサ（コバノツメクサ）［ナデシコ科］

6月 **7月** **8月** 9月

ナデシコ科の多年草。岩手では早池峰山のみに分布。茎の先に5ミリほどの白い花を数個咲かせる。県版Bランク。

ミヤマアズマギク ［キク科］

6月 **7月** **8月** 9月

キク科の多年草。和名は「深山東菊」。キク科特有の舌状花《ぜつじょうか》は淡い紅紫色。岩手では早池峰山のみに分布。県版Bランク。

タカネウスユキソウ（タカネヤハズハハコ）［キク科］

6月 **7月** **8月** 9月

キク科の多年草。全体に軟毛があるものの、ウスユキソウ属ではなくハハコ属の仲間。岩手では早池峰山のみに分布。県版Bランク。

コラム
COLUMN

シカの食害問題

　早池峰山では近年、ニホンジカが生息域を拡大し、植物への食害が深刻化している。筆者が自然公園保護管理員として働き始めた2007年当時も秋の繁殖期に山麓でオスの鳴き声を聞くことはあったが、姿を見ることはなかった。その後、2011年頃から県道25号沿いでの目撃が増え始めた。数年のうちに県道沿いのフキやヤグルマソウなどに食害が目立ち始め、2015～16年ごろに標高1400メートル以下の林床《りんしょう》（森林の地表面）では一気に食害が拡大した。現在ではシカは5月初めから10月ごろまで、山麓の亜高山帯から山頂稜線の高山帯までの広い範囲に滞在し定着している。

　河原の坊登山口付近ではヨツバヒヨドリやオニシモツケ、セリ科の草本などは食害により姿を消し、タニウツギやヤナギ科など木本《もくほん》類への食害も著しい。小田越コースの登山口から一合目までの亜高山帯針葉樹林の林床でもオサバグサやカニコウモリ、ミヤマカラマツなどが個体数を減らすか極度に矮性《わいせい》化している。南面の標高1400メートルより上の高山帯ではナンブトウウチソウやナンブトラノオと

シカの首が届く高さまでの草や木の枝が食べられて見通しがよくなっている＝2021年6月、河原の坊付近

いった固有種に食害が認められている。

　また、山麓の標高500～1200㍍の広い範囲ではすでに森林の林床の植生は単純化し、それより上部の草原環境でも植生の単純化と裸地化が進行している。その結果、失われた植物に依存していた昆虫類なども減少していると思われ、生物多様性の喪失が危惧《きぐ》される。

　岩手県と東北森林管理局は2018年から数カ所に植生保護柵を設置し、山麓《さんろく》ではわな猟を中心に捕獲も続けているが、シカの侵入と食害は止まっていない。早池峰山域への侵入を防ぐ柵の設置など、十分な予算をつぎ込んださらなる対策が急がれる。さもなくば早池峰山を天然記念物たらしめている貴重な高山植物群落は遠からず消失するであろう。

（八重樫理彦、写真も）

植生保護柵の内側（左）には植物が残る一方、外側（右）は種類も少なくオオイタドリは矮性（わいせい）化している＝2022年8月、標高1270㍍付近

小田越登山口付近でササを食べるニホンジカの若いオス＝2022年10月

シカにより食害を受けたとみられる早池峰山固有種、ナンブトウウチソウ＝2022年9月、南面標高1420m付近

2016年土砂崩落

河原の坊コース閉鎖中

2016年５月下旬に発生した崩落箇所（写真右下から左にかけて）。軽自動車ほどの大きさの岩も崩落した＝2016年６月８日、千丈ケ岩付近から撮影

登山口に広い駐車場やキャンプ場を供え、早池峰登山の定番コースとして人気だった「河原の坊」コースは、２０１６年5月に発生した土砂崩落のため閉鎖されている。

土砂崩落は千丈ケ岩（１７５０㍍）付近から始まり、御座《ござ》走り岩付近までの登山道が流失した。土質調査の結果、同様の崩落が発生する可能性があるため、復旧の見通しは立っていない。

河原の坊コースは標高差約８６０㍍、距離約２・５㌔で、山頂まで約3時間半ほど。小田越コース同様、ハヤチネウスユキソウをはじめ、さまざまな高山植物と出合えるコースとあって、多くの登山客でにぎわっていた。

コメガモリ沢を沿うように登り、七合目の頭垢離《こうべごうり》（垢離《こり》とは水を浴びて身を清める行為のこと。水ごり）を過ぎると岩場のコースとなる。大きな一枚岩の「御座走り岩」、天狗《てんぐ》が頭をぶつけたといわれる八合目の「打石《ぶついし》」など、言い伝えが残る岩が山頂までの目安にもなっていた。

２０１６年当時、軽自動車の大きさほどもある岩が崩落している。現在も非常に危険な状態にあり、くれぐれも立ち入らないでほしい。

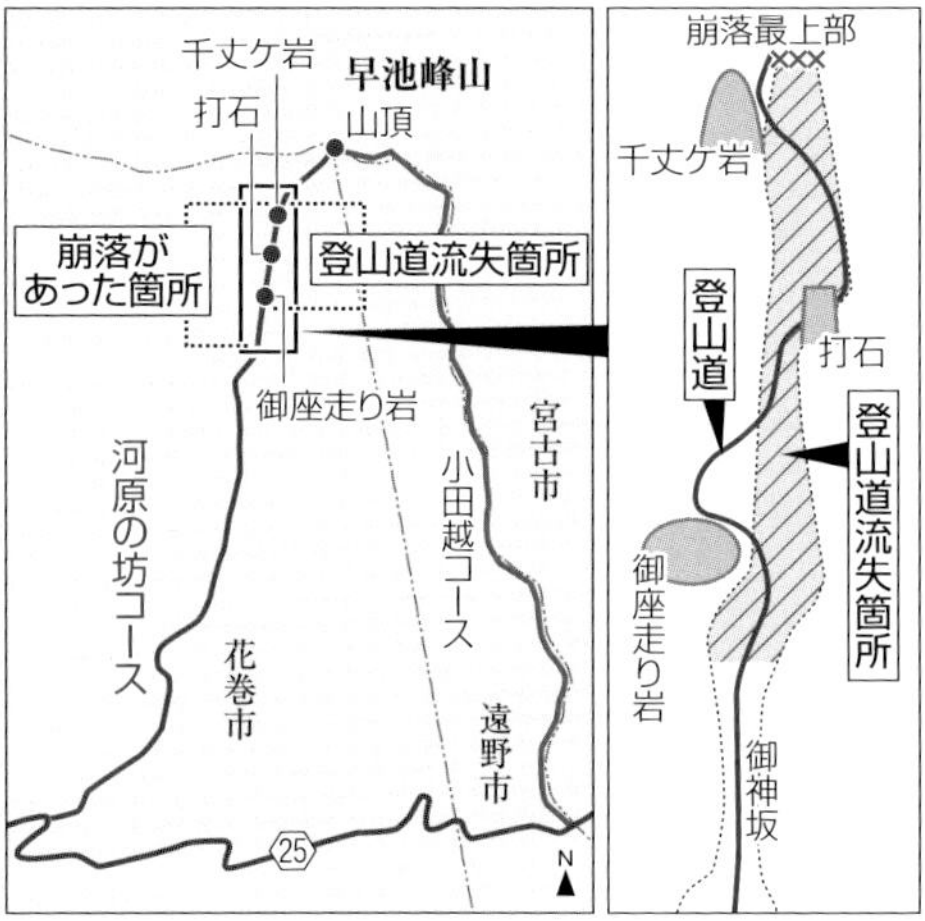

七合目の頭垢離（こうべごうり）

鎖場を登る

岩場が連続する「河原の坊コース」

八合目の目印になっていた打石（ぶついし）

登山道が流失し標柱が逆さに倒れている
=2016年8月28日、八重樫理彦撮影

土砂崩落前の千丈ヶ岩

大規模な崩落が起きた千丈ヶ岩付近
=2016年9月26日、八重樫理彦撮影

コラム
COLUMN

河原の坊の想い出

米城　一政

私が早池峰山を初めて訪れたのは、1980年代前半だったと記憶している。当時は私にとって早池峰と言えば、民話の世界のさらに奥にそびえる遠い山で、夜の列車と朝のバスで2日かけて山頂に立ったものだ。

河原の坊でバスから降りて、見上げると東北の山とは思えない岩だらけの山頂が、かなりの高度感を感じさせた。そこから先は花を見ながら登っていくのだが、岩石が重畳《ちょうじょう》する急斜面でバテてしまい、たいした事は覚えていない。雷の音が聞こえてきて慌てて駆け下ったことばかり覚えている。

それからずいぶん経って2015年が二度目の登頂となった。今度は車で、どこまでも空が澄んだ6月の日曜日に北へ向かった。河原の坊からコメガモリ沢沿いに歩き始めると早速、次々と小さな花たちが声を掛けてくれる。そしてそれはどこまでもどこまでも、岩を乗り越えて続いて行くのだ。花の季節が一気にやってきた。

頭垢離《こうべごうり》で沢を離れると一気に岩稜帯となり、眼下には河原の坊が、上には山頂が見通せる。空は深く青く、飛行機雲が次々と白い線を引いては消え、消えるときに不思議な形を残して過ぎていく。

30年ぶりに立った山頂は思い出深いものとなった。帰りに見た河原の坊の宮沢賢治の詩碑に次の言葉があった。

「この底なしの蒼い空気の淵に立つ巨きな菓子の塔を攀《よ》ぢよう」

山頂の早池峰神社の宝剣と高山植物

ミヤマアズマギク

蛇紋岩が地表に露出した小田越コース８合目付近。
規則性のある割れ目「節理（せつり）」が特徴的だ

早池峰の地質

5億年前からの地球史刻む

岩手県立博物館専門学芸員　望月　貴史

北上山地の地質は早池峰山を境にして南と北で大きく二つに分けられ、主に南側を構成する地質を南部北上帯、北側を構成する地質を北部北上帯と呼びます。

「南部」は赤道近くから

南部北上帯の起源は古く、今から約5億年前（古生代カンブリア紀）にさかのぼります。当時の南半球には南極や南米、アフリカ、オーストラリアといったいくつもの大陸が一つになった巨大な大陸「ゴンドワナ大陸」が存在していました。南部北上帯はゴンドワナ大陸の北縁部、当時赤道付近に位置していたオーストラリアの近くで誕生した（「南部北上古陸《こりく》」などと呼ばれます）と考えられています。早池峰山近辺や大船渡市三陸町の海岸、陸前高田市の氷上山付近にはこの当時にできたと考えられる岩石が分布しており、これらの岩体が南部北上帯の基盤を形成しています。また、後の時代の大陸縁辺のさまざまな生物が住む浅い海で堆積した地層も多く含まれているため、南部北上帯は生物の化石を豊富に産することで知られています。その後、南部北上古陸は古生代～中生代と長い時間をかけてゆっくりと北上していきます。

プレート由来の「北部」

一方で、北部北上帯の起源は南部のそれとは異なり、全く別の歴史を歩んできました。北部北上帯は、中生代ジュラ紀に海洋プレートと大陸プレートの境界で生じた「付加体《ふかたい》」と呼ばれる

地質で構成されています。地球の表面は一枚岩ではなく、プレートと呼ばれるいくつもの岩盤で覆われています。プレートには大陸プレートと海洋プレートの2種類が存在し、これらのプレートは年間に数センチという速度で移動しています。プレート同士がぶつかると、海洋プレートは大陸プレートの下に潜り込みます。その際に、海洋プレートの表層の地層や岩石などは大陸プレートによって剥《は》ぎ取られ、大陸側に付加されていきます。こうしてできた地質のことを付加体と呼びます。そのため、北部北上帯内部はかつての遠洋で堆積した地層や岩石、ときには海底火山といったものが大陸由来の岩石などと混じり合った複雑な地質で構成されています。

　また、「根田茂《ねだも》帯」と呼ばれる南部北上帯と北部北上帯のどちらとも言えない地質も存在するため、北上山地は日本有数の地質学的多様性を誇る地域となっています。

　これらの地質帯はそれぞれ長い時間をかけながら移動し、中生代白亜紀初頭までに衝突して北上山地の原型が作られたと考えられています。その後アジア大陸の縁辺部の一部となった後、新生代中頃の日本海の拡大による日本列島の形成に伴い、現在の位置に移動してきたとされます。

「岩手県の岩石」蛇紋岩

　北上山地の最高峰である早池峰山は地質的には南部北上帯に含まれ、早池峰山本体を含めてその周囲には北上山地の中でもとりわけ古い時代に含まれる地層や岩石（早池峰複合岩類）が見られます。

　早池峰山は、主に黒～緑色の鱗《うろこ》のような特徴的な模様のある蛇紋岩《じゃもんがん》で構成されます。蛇紋岩はマグマが地下深くでゆっくり冷えて固まってできたかんらん岩と呼ばれる岩石が、地下深くに存在する水（熱水）の影響を受けることで成分が変化してできた岩石で、手で触れるとしっとりとした滑らかな手触りがします。また、早池峰山の蛇紋岩は地質学的には「中岳《なかだけ》蛇紋岩」と呼ばれます。岩石の形成年代を調べた研究によると、中岳蛇紋岩は今から4億5000万年以上前、古生代オルドビス紀にできたものとされています。

　蛇紋岩は植物の根の成長を阻害するマグネシウムイオンを豊富に含み、さらに硬く風化しにくいために蛇紋岩地帯では通常の土壌が作られにくいという特徴が

中岳蛇紋岩（岩手県立博物館蔵）。名前の由来はヘビを想起させる模様があることから

あります。こうしたことから早池峰山では一般的な植物は生息しにくく、ハヤチネウスユキソウなどの蛇紋岩地帯に特有な環境に適応できる植物が繁栄しているのではないかと考えられています。なお、早池峰山で馴染《なじ》みが深いことや、岩手県花巻市出身の詩人・童話作家宮沢賢治が特別な親しみを持っていたことなどから、蛇紋岩は2016年に日本地質学会によって定められた「47都道府県の石」において岩手県の岩石にも選ばれています。

5億年前の岩石が露出

さて、早池峰山の中腹～頂上付近の一部には、斑《はん》れい岩や玄武岩といった蛇紋岩とは異なる岩石も露出しています。したがって、早池峰山のすべてが蛇紋岩でできているわけではありません。これらは早池峰複合岩類の中でも「神楽複合岩類」と呼ばれるもので、早池峰山北方の握沢《にぎりさわ》周辺や、東方から宮古市小国《おぐに》地域にかけても同様の岩石を見ることができます。斑れい岩はマグマが地下深くでゆっくり固まってできた深成岩と呼ばれる岩石の一種で、石英などの無色鉱物が含まれる割合が比較的少なく、角閃石《かくせんせき》や輝石《きせき》といった黒色に近い色をした鉱物が多く含まれているため、全体的に黒っぽい色をしています。一方で、玄武岩は元となるマグマの成分や含まれる鉱物などは斑れい岩とほぼ同じですが、地表付近のより浅い場所でマグマが急速に冷えて固まってできる火山岩に分類され、黒～緑色をしているものの斑れい岩よりも粒が細かいことなどが特徴です。

中岳蛇紋岩同様に神楽複合岩類もその成り立ちは古く、早池峰山南東の薬師川沿いに見られる玄武岩類は今から4億6000万年以上前にできたものであることがわかっています。また、近年の研究で宮古市小国に露出する神楽複合岩類のドレライトという岩石（玄武岩の一種で一般的な玄武岩よりも粒が粗いもの）の形成年代を調べた結果、この岩石ができたのは今から約5億年前であったことも明らかになってきました。こうしたことから、早池峰複合岩類の形成は南部北上帯の形成の起源にも深く関わっていることが示唆されます。

古生代のサンゴの化石

小田越登山道や河原の坊登山道（閉鎖中）のやや北方には、砂や泥が大昔の海底で溜まってできた砂岩や泥岩といった岩石や、サンゴなどの海の生物の遺骸《いがい》が溶けて岩石となった石灰岩などが見られます。これらは地質学的には「小田越層」と呼ばれる古生代の海の中で堆積してできた地層に含まれる岩石（堆積岩）で、早池峰複合岩類とは区別されます。また河原の坊登山道から見て西方に位置するタカブ沢支流の岩石からは、ウミユリや四放《しほう》サンゴといった当時の海の中で生息していた生物の化石も見つかっています。一方でこれらの登山道付近に見られる小田越層の岩石は、後の中生代白亜紀にアジア大陸東部で生じた大規模な火成活動による熱の影響を受けており、その結果ホルンフェルスと呼ばれる変成岩に変化しているものも多く見られます。また、白亜紀の活発な火成活動は大陸の地下深くでマグマが冷えて固まることでできる花崗《かこう》岩を大量にもたらしました。こうした花崗岩は現在の三陸各地（階上《はしかみ》岳や五葉山、姫神山など）で見ることができ、早池峰山南方の薬師岳もこの時代の花崗岩で形成されています。

また、早池峰山東方の宮古市江繋《えつなぎ》地域の薬師川中〜上流部には、泥岩や砂岩のほか玄武岩や凝灰岩といった岩石を含む地層（薬師川層）が見られます。凝灰岩は主に火山灰などの火山噴出物が地上や水中などに堆積することでできた岩石です。現在のところ薬師川層からは生物の化石は見つかっていませんが、岩石の形成年代を調べた研究からは4億2000万年以上前（古生代シルル紀以前）にできた地層であると考えられています。

このように、早池峰山やその周辺地域は歴史の古い南部北上帯の中でもとりわけ古い時代の岩石や地層によって形成されています。早池峰山を訪れた際には5億年近い悠久の大地の歴史を感じながら登山を楽しんでみてはいかがでしょうか。

早池峰山図幅地域の地質概略図

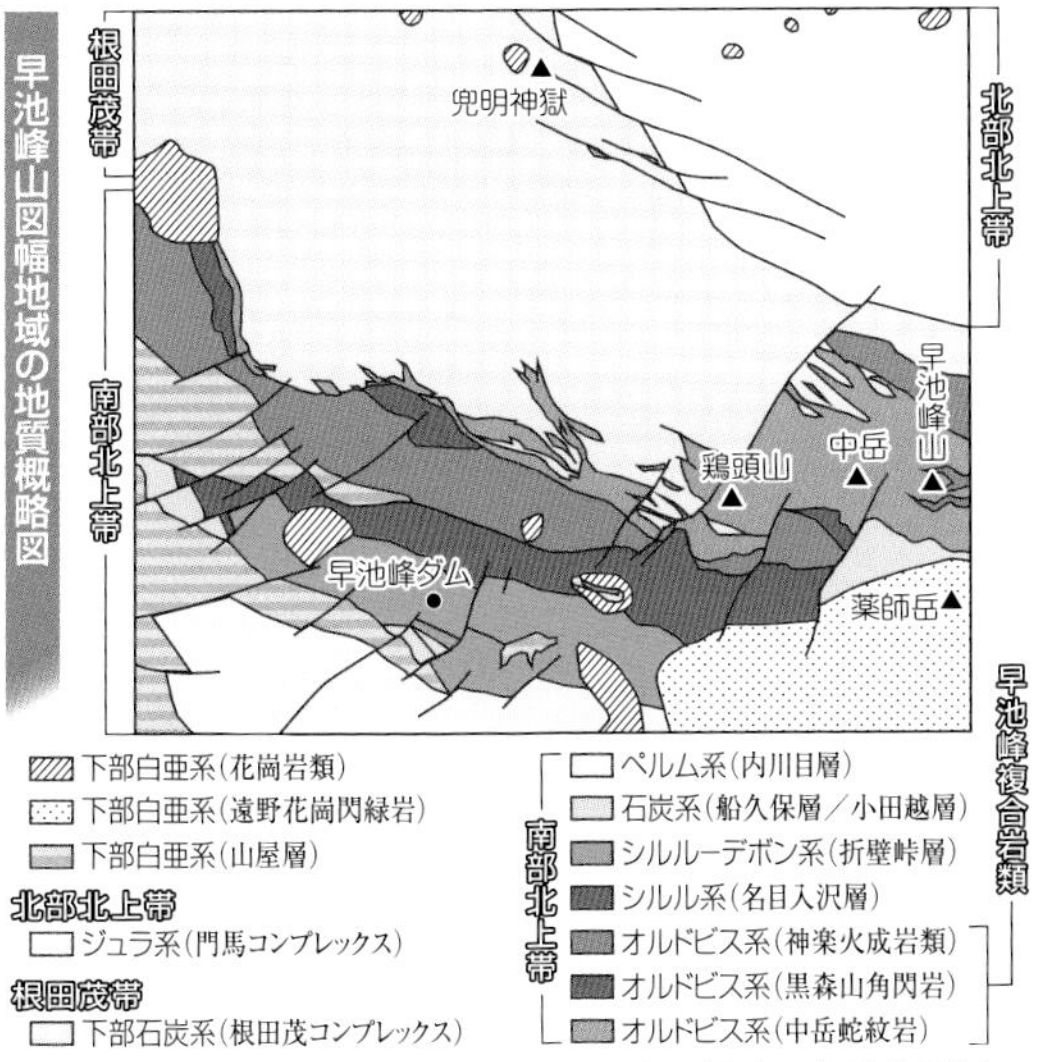

※「川村寿郎・内野隆之・川村信人・吉田孝紀・中川充・永田秀尚（2013）早池峰山地域の地質、地域地質研究報告（5万分の1地質図幅）、産総研地質調査総合センター」より

（参考文献）
川村寿郎・内野隆之・川村信人・吉田孝紀・中川　充・永田秀尚，2013，早池峰山地域の地質．地域地質研究報告（5万分の1地質図幅）．産総研地質調査総合センター，101p.
下條将徳・大藤　茂・柳井修一・平田岳史・丸山茂徳，2010，南部北上帯古期岩類のLA-ICP-MS U-Pbジルコン年代．地質学雑誌，119，257-269.
土谷信高・佐々木　惇，2017，南部北上山地，神楽複合岩類に伴われる珪長質岩類のジルコンU-Pb年代について．岩手の地学，no. 47，46-52.
永広昌之，2017，4．中古生界，4.2 南部北上帯，4.2.2 下部〜中部古生界．日本地質学会編，日本地方地質史2 東北地方，朝倉書店，184-195.

早池峰信仰の歴史

農・山・漁 それぞれの神が宿る山

早池峯神社本殿（花巻市大迫町）

早池峰山は古来、神の棲《す》む霊山として篤《あつ》い信仰の対象となってきた。早池峰山の神々しさを最も感じられるのは初冬であろう。峨々《がが》たる岩だらけの山肌が純白の衣に包まれると、その山容は眼前に迫るように大きく見えるのである。

早池峰山の神は多彩である。山麓に住む農民にとっては作物に水をもたらしてくれる豊作の神、農神であり、山で働く猟師や杣人《そまびと》（きこり）にとっては山の恵みをもたらしてくれる山の神であった。また、三陸沿岸の漁民にとっては沖から船の位置を知らせてくれる「山あて」として、船の安全を守る神、そして豊漁の神でもあった。

早池峰山へ登る大迫・遠野・小国（江繋）・門馬の4カ所の登山口には、修験山伏たちによる院坊（寺院や宿坊）が置かれ、それぞれ独自の開山伝説を伝えていた。古くから開けていた大迫口の伝説では、大同2（807）年に額に金星をいただく白鹿を追って、大迫村の田中兵部と来内《らいない》村の始角藤蔵《しかくとうぞう》が早池峰山頂で出会い、霊威を感じた2人は、藤蔵が「末津希《まつけ》」（マタギの狩猟の短刀）、兵部が「弓矢」を頂上に残し、雪解け時に社殿を建立することを約し、翌春二人で協力して山頂に一社を建立したのが始まりと伝える。

それから約400年の歳月を経て、快賢という僧が弘法《ぐほう》（仏の教えを世に広めること）のために奥州を巡歴して、早池峰山へたどり着いた。快賢は、早池峰山の霊山なるに感じ、山麓を流れる岳《たけ》川のほとりに一寺を建立して「河原ノ坊」と名付け、山頂にも新たに御宮を建てた。しかし、宝治元（1247）年に「白髭水《しらひげみず》」と呼ばれる大洪水があり、河原ノ坊と共に山頂の御宮も流失したと伝わる。

正安2（1300）年、越後の僧・圓性《えんしょう》阿闍梨《あじゃり》が諸国行脚の途次に早池峰山へ訪れた。圓性は、快賢が開いた河原ノ坊が白髭水により断絶していることを嘆き、その志を継いで山麓（現・岳集落）に寺を再建して「妙泉寺」と名付けた。門前には山伏たちの六坊を置き、神事や諸般の事務を執らせたという。その後、妙泉寺は文亀元（1501）年と永禄3（1560）年の2度にわたる火災があり、一時疲《ひ》弊《へい》したと伝わる。

近世になると、南部氏は早池峰山を盛岡城東の鎮山として祀《まつ》り、度重なる火災で疲弊していた岳妙泉寺《たけみょうせんじ》を再興した。慶長12（1607）年には寺領150石を給し、慶長15（1610）年から3カ年をかけて、早池峰山大権現を祀る別当寺として伽《が》藍《らん》の整備を行っている。岳妙泉寺の役割は、藩主及び御一統《ごいっとう》（藩主の御家族・家臣一同）の招福・領内安堵《あんど》・領民安泰を祈願するとともに、危急の際には藩主が一時的に避難する隠れ城としての役目もあった。現在でも、岳妙泉寺跡地周辺には空堀や石垣・櫓《やぐら》門の礎石が残り、堅固な城構えの寺院であったことをうかがわせている。

歴代藩主の篤い庇護《ひご》を受けて早池峰信仰を守ってきた岳妙泉寺も、明治初年に出された「神仏分離令」によって廃寺となった。のちに寺の本堂は壊されたが、岳妙泉寺の奥宮《おくみや》であった新山宮《しんざんぐう》は早池峯神社と名を変えて信仰を今に伝えている。

岳妙泉寺石垣跡

東根嶽から早池峰へ

早池峰山は、古くは「東根《あずまね》（東子、東峰）嶽」と呼ばれていた。これは、北上川を挟んでの西根（西側）に対する東根（東側）の意で、北上川流域からの呼び名であったと考えられる。近世になって、南部氏がこの地方を領有すると「早池峰」という呼び名が定着した。早池峰の山名は、アイヌ語の「パハ・ヤ・チニカ（東陸の脚）」説、山頂の神池「開慶《かいけい》水《すい》」に由来する説などもあるが、最も有力だと思われるのは三陸沿岸からの呼称と言われる「疾風（はやち）」を呼ぶ神の山「ハヤチネ」説である。

――一つの山がいくつかの山名を持つのは良くあり、須川岳（岩手県）＝栗駒山（宮城県）＝大日岳（秋田県）などはその好例である。

なぜ、南部氏の代に「早池峰」が定着したのであろうか。一つは、南部氏が稗貫《ひえぬき》・和賀地方を領有する以前から三陸沿岸北部を支配地としており、三陸沿岸からの呼び名である早池峰に馴《な》染《じ》みがあったのではないかということである。もう一つ挙げるとすれば、早池峰山が東根嶽と呼ばれていた時代に仏教が伝わると、東方浄瑠璃《じょうるり》浄土の教主・薬師如来の山としての信仰も広まっていたが、南部氏は早池峰山を自らが信奉する十一面観音の山へと祀り替えたことである。南部氏にとっては、東根（東方）＝薬師如来を連想させる山名は好ましからざるものだったのかもしれない。

薬師如来から十一面観音の山に祀り替えられたことに対して、庶民は表だって不満を言えなかった。しかし、「昔話」としてその理不尽さを後世に伝えた。

〈早池峰の女神〉

薬の神のところには三人の娘があった。ある秋晴れの一日、三人の姉妹は、薬草を採りに出かけて、そちこちを歩き回った。（中略）宮野目の花野に行った姉妹たちは、花野の美しさについ遊びほうけて、すっかり疲れたので、その中で眠ってしまった。三人が眠っている間に、虚空から一輪の蓮華《れんげ》の花が降り下って、上の姉の枕元にとまった。その花を持った者が早池峰の神になるという定めであった。そのうち、最初に目覚めた末の妹が、それを見つけて、いったんは気を落としたが、姉がぐっすりと寝込んでいるのをさいわいに、その花を自分が取りあげると、早々に早池峰をさして飛び去ってしまった。次に目を覚ました中の娘は、妹に先に早池峰を取られたのを知ると、自分は羽山（花巻市湯本の花巻温泉地内）に飛んで、その山の神となった。最後に残った上の姉は、すでに妹たちがそれぞれの山を定めたのを見て、あわてて胡四王山《こしおうざん》（花巻市矢沢）に飛んでいき、そこの神となった。蓮華を横取りして鎮座した早池峰の神に祈れば、たとえそれが無理な願いであっても、よく聞き届けてくれるといわれている。（後略）
（『花巻の伝説』及川惇）

つまり、早池峰山は薬の神の長姉（薬師如来）が継ぐべきところ、末の妹（十一面観音）が横取りして鎮座したというのである。しかし、庶民たちは、たとえ本地仏《ほんじぶつ》が代わっても、早池峰山はどんな無理な願いも聞き届けてくれるありがたい御山として、その信仰を捨てることはなかった。早池峰山頂には、今も本宮（元宮）と若宮という二つの祠《ほこら》が祀られており、その信仰は複雑で難解なことを伺わせている。

お山がけ

昔は、男子15歳にもなると早池峰山に登山したという。これを「お山がけ」といった。お山がけは成人男性にとっての一大行事であり、近在近郷の者は7日間、地元の大迫の者でさえ3日間の精進潔斎《しょうじんけっさい》を必要としていた。菅原隆太郎の『早池峯山』（1953年、岩手日報社）では、お山がけの様子が詳しく書かれており、それを要約すると次のようになる。

お山がけが決まると、自宅の近くの川中に笹竹を一間四方に立てて注連縄《しめなわ》を張り、その中で日に一回は水垢離《みずごり》をして身を清めた。出発の日には、白木綿の下帯（ふんどし）をしめ、白の股引をはき、白衣をつけ、白の手甲、脚絆《きゃはん》に身を固め、白の手拭でキリリと鉢巻きをしめ、握飯若干、替えの草鞋《わらじ》二、三足のほかに、宿に差し出す米一升を白の風呂敷に包んで背負い、用意した菅笠《すげがさ》を頭に、着ござをつけ、草鞋をはきしめ金剛杖を手にして出かけた。そして、岳集落の宿坊《しゅくぼう》で1泊すると、未《ま》だ暗い朝の3時頃には、宿の主を先達《せんだつ》として宿坊を出発し、松明《たいまつ》を振りかざしながら真っ暗な道を河原の坊までたどり着くと、そこで朝食となる。朝食が終わると、新しい草鞋に履き替える。お山は神聖な場所であるため、今まで履いてきた草鞋ではお山を汚すからであった。その後、金剛杖を手に「お山繁昌、六根《ろっこん》清浄」「さんげ（懺悔）、さんげ、六根清浄」と唱えながら山頂を目指した。

昔のお山がけは大変だったことがわかるが、実は、この一連の行動の中に早池峰山の高山植物を守ってきた要因がみえる。それは、先達の案内がなければ登山できず、ある程度登山者が制限されていたことで、オーバーユースになることはなかったことである。そして、最も大きかったのは、河原の坊で新しい草鞋に履き替えたことであろう。これにより、草鞋に付着した里の植物の種などを早池峰山中に入れなかったのである。今では、誰も登山靴を履き替えたりしないため、登山道にはオオバコやタンポポが繁茂している。気をつけたいものである。

女人禁制と言われた早池峰山でも、早池峰連峰の西端にそびえる地蔵菩薩の山・鶏頭山（1445㍍）には登って願掛けをすることはできたという。また、体や足の弱い人などは、花巻市東和町と大迫町の境にある拝《おがみ》峠、石鳥谷町と大迫町の境にある権現堂山、紫波町の東根山などに登って、早池峰山を拝んでも御利益はあったと言われている。とくに、紫波町の東根山（928・4㍍）は、早池峰山の古名を名乗るだけあって、山頂に登るとほぼ真東に早池峰山が見えるという絶好のロケーションである。

（中村　良幸）

〈参考文献〉
小野義春『早池峰文化』第4号（1991年、大迫町教育委員会）
及川惇『花巻の伝説－稗貫・和賀地方－』（1983年、国書刊行会）

コラム
COLUMN

宮沢賢治と早池峰

花巻に生まれた宮沢賢治は、幼い頃から北上山地にそびえる早池峰山を遠く眺めながら育っている。賢治が、早池峰山麓を初めて訪れたのは、１９１８（大正７）年5月19日、稗貫郡役所から委託された稗貫郡内の地質及び土性調査のためだった。その後も何度か訪れ、早池峰山には少なくとも３～4回は登っている。

賢治の童話『どんぐりと山猫』は、舞台が早池峰山麓であり、「笛ふきの滝」（笛貫の滝）が登場する。「……笛ふきの滝というのは、真っ白な岩の崖のなかほどに、小さな穴があいてゐて、そこから水が笛のように鳴って飛び出し……」とある。笛貫の滝は１９４７（昭和22）年のカスリーン台風と翌年のアイオン台風によって土砂崩れが起き、崩壊したり、岩穴がふさがったりしたが、それまでは白い大理石を貫通して多くの岩穴が開いていて、そこを通り抜ける水が笛のような音を発していたという。童話『風の又三郎』の中にも、モリブデン鉱や葉たばこなど早池峰山麓の原風景が投影されていると言われる。

早池峰山の登山口である河原の坊には、登山者に見落とされがちではあるが、賢治の詩碑が建っている。「山の晨明に関する童話風の構想」の最後の6行を取り、１９７２（昭和47）年に全国で16番目の賢治詩碑として建てられた。碑文の文字は、当時、大迫町立亀ヶ森小学校4年生であった児童が書いたもので、子どもらしいのびのびとした字体は、詩の内容にぴたりとはまっている。賢治研究家の原子朗《はらしろう》は『新宮澤賢治語彙辞典』の中で、「数ある賢治詩碑中の白眉」と称賛している。

（詩はＰ４の口絵参照）

巨岩・奇岩がそびえる早池峰山を「巨きな菓子の塔」に例えるなど、子どもたちに贈る賢治からのメッセージが込められた素晴らしい詩である。

また、賢治の見識の広さを示す長編の詩もある。「花鳥図譜、八月、早池峯山巓《さんてん》」では、高山植物を盗掘する心ない登山者たちを毅然として諫《いさ》めている。

（根こそげ抜いて行くやうな
人に限って
それを育てはしないのです
ほんとの高山植物家なら
時計皿とかペトリシャーレ
をもって来て
眼を細くして種子だけ採って行くもんです）
（魅惑は花にありますからな）
（魅惑は花にありますだって
こいつはずゐ分愕《おど》いた
そんならひとつ
袋をしょってデパートへ
行って
いろいろ魅惑のあるものを
片っぱしから採集して
それで通れば結構だ）
（以下略。現在は種子を採るのも禁止です）

これが日本ではまだ自然保護に関心が薄かった時代に書かれた詩とはとても思えない。早池峰山には賢治の詩集持参で登ってみるのも面白いかもしれない。

（中村　良幸）

河原の坊賢治詩碑

早池峰山を楽しむために

クマに注意！

2022年６月に小田越コースで登山客がツキノワグマに襲われてけがを負った。鈴をつけるなど、クマよけ対策を忘れずに。

携帯トイレ

早池峰山は2014年から携帯トイレの利用を実質義務化している。登山口にある無人販売所などで購入してから入山すること。

自然を守ろう

高山植物の盗掘はもちろん、写真に収めようとコース外に出る行為も厳禁。足元の植物を踏んだり、ポールで傷つけたりしない配慮も必要だ。ゴミもすべて持ち帰ること。

ペットを連れての登山もしないこと。

携帯電話を過信しない

早池峰山は電波が届かない場所が多い。万が一に備え、登山口で登山届に記入・投函してから入山すること。しっかり登山計画を立て、装備を整えることも大切。日没が早い時期は早めの下山を心がけよう。

引き返す勇気を

体調に異変を感じたり、天候が急に悪化したりしたときは速やかに引き返し、来た道を戻ること。特に冬の登山は難易度が大幅に上がるので、十分注意して臨むこと。

登山届はいざという時の助けとなる。必ず提出すること

新 いわて名峰ガイド

早池峰山

2023年5月1日　初版発行

発行者　川村　公司
発行所　株式会社岩手日報社
〒020-8622　岩手県盛岡市内丸 3-7
電話　019-601-4646
（コンテンツ事業部、平日9～17時）
ウェブサイト「岩手日報社の本」
https://books.iwate-np.co.jp/

コースガイド　太宰　智志

監　修　八重樫理彦

協　力　花巻市／花巻市大迫総合支所
宮古市川井総合事務所
遠野市
岩手県立博物館
花巻市博物館
（中村良幸館長）
宮沢賢治記念館
ミレー・マウンテン・グループ・ジャパン株式会社
株式会社キャラバン

企画・編集　塚　崇範（山口北州印刷株式会社）
中村　良幸
木戸場美代子

編集協力　岩手日報社コンテンツ事業部

撮　　影　小松　基広／太宰　智志／米城　一政／清水　健太郎
黒沼　幸男（花図鑑）

デザイン　加賀　寿美江

印刷所　山口北州印刷株式会社

© 岩手日報社 2023　本書掲載写真・記事の無断複製および転載を禁じます。落丁・乱丁は送料小社負担でお取り替えします。

ISBN978-4-87201-545-4
C0026 ¥1400E

太宰　智志（だざい・さとし）

山岳アスリート、フリーの登山ガイド、登山ライター。1998年ごろから本格的な登山に取り組み、東北北部のほか鳥海山、月山、朝日連峰、尾瀬エリアを中心に活動している。宮城県大崎市のJR古川駅前にある喫茶店「カフェ・モンテ」の店主でもあり、店には山の情報を求めて多くの登山ファンが訪れる。主な著書に「南東北名山ガイド　泉ケ岳　船形山」（2021年）。1973年生まれ。

参考文献・資料

・宮沢賢治全集（1976年、筑摩書房）
・早池峰の植物（1983年、大迫町立山岳博物館編）
・早池峰探勝ガイド　霊峰への誘い
（芳門申麓、1986年）
・早池峰の自然
（井上幸三、小水内長太郎著、1994年）
・いわての名峰徹底ガイド　早池峰山
（岩手日報社編、2008年）
・いわてレッドデータブック

［ミニ特集］

* 早池峰の高山植物研究史／花図鑑
* 河原の坊コース崩落
* 早池峰の地質
* 早池峰信仰の歴史

［コラム］

* そして、携帯トイレが普及した
* 鶏頭山の「山頂」
* シカの食害
* 河原の坊の想い出
* 宮沢賢治と早池峰

9784872015454

1920026014005

ISBN978-4-87201-545-4
C0026 ¥1400E

定価1,540円（本体1,400円+税）

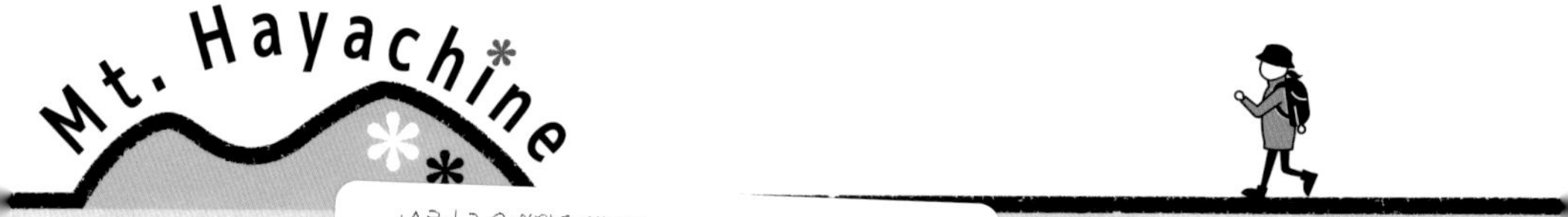

客注
書店CD：187280 28
コメント：26
受注日付：241213
受注NO：118370
ISBN：9784872015454
1／1
32
ココからはがして下さい